国外国防科技年度发展报告(2021)

海战领域科技发展报告

HAI ZHAN LING YU KE JI FA ZHAN BAO GAO

中国船舶集团第七一四研究所

国防工业出版社

·北京·

图书在版编目（CIP）数据

海战领域科技发展报告/中国船舶集团第
七一四研究所编著. —北京：国防工业出版社，2023.7
（国外国防科技年度发展报告. 2021）
ISBN 978–7–118–12945–8

Ⅰ.①海…　Ⅱ.①中…　Ⅲ.①海战–科技发展–研究
报告–世界–2021　Ⅳ.①E153

中国国家版本馆 CIP 数据核字（2023）第 116085 号

海战领域科技发展报告

编　　者	中国船舶集团第七一四研究所
责任编辑	汪淳
出版发行	国防工业出版社
地　　址	北京市海淀区紫竹院南路 23 号　100048
印　　刷	北京龙世杰印刷有限公司
开　　本	710×1000　1/16
印　　张	18¾
字　　数	210 千字
版 印 次	2023 年 7 月第 1 版第 1 次印刷
定　　价	130.00 元

《国外国防科技年度发展报告》

(2021)

编委会

主　　任　耿国桐

委　　员（按姓氏笔画排序）

王三勇　王家胜　艾中良　白晓颖
朱安娜　李杏军　杨春伟　吴　琼
吴　勤　谷满仓　张　珂　张建民
张信学　周　平　殷云浩　高　原
梁栋国

《海战领域科技发展报告》编辑部

主　　编　梁栋国　吕　强　李仲铀

编　　辑（按姓氏笔画排序）

万　克　史腾飞　祝　燕　周智伟
程之年

《海战领域科技发展报告》

审稿人员（按姓氏笔画排序）

王 兵　王 班　王海珍　方 勇
冯晓硕　刘 淮　闫 哲　池建文
孙明月　李玉荣　李红军　吴依帆
吴懿鸣　沈 阳　张义农　陈银娣
孟 光　柳正华　董 亮　黎晓川

撰稿人员（按姓氏笔画排序）

丁 宏　于宪钊　万 克　马晓晨
王晓静　方 楠　史腾飞　白旭尧
冯晓硕　朱鹏飞　闫俊平　江 洋
孙兴村　孙明月　苏 翔　杜燕波
李 鑫　李仲铀　李红军　肖炎鑫
吴 晨　何艺佳　何晓骁　沈 阳
张大中　张 旭　周旭华　周宏达
周智伟　柳正华　徐智斌　高 萌
郭 宇

编写说明

科学技术是军事发展中最活跃、最具革命性的因素，每一次重大科技进步和创新都会引起战争形态和作战方式的深刻变革。当前，以人工智能技术、网络信息技术、生物交叉技术、新材料技术等为代表的高新技术群迅猛发展，波及全球、涉及所有军事领域。智者，思于远虑。以美国为代表的西方军事强国着眼争夺未来战场的战略主动权，积极推进高投入、高风险、高回报的前沿科技创新，大力发展能够大幅提升军事能力优势的颠覆性技术。

为帮助广大读者全面、深入了解国外国防科技发展的最新动向，我们以开放、包容、协作、共享的理念，组织国内科技信息研究机构共同开展世界主要国家国防科技发展跟踪研究，并在此基础上共同编撰了《国外国防科技年度发展报告》(2021)。该系列报告旨在通过跟踪研究世界军事强国国防科技发展态势，理清发展方向和重点，形成一批具有参考使用价值的研究成果，希冀能为实现创新超越提供有力的科技信息支撑。

由于编写时间仓促，且受信息来源、研究经验和编写能力所限，疏漏和不当之处在所难免，敬请广大读者批评指正。

军事科学院军事科学信息研究中心
2022 年 4 月

前　言

当前，世界各国海军积极谋求和推动海战科学技术的发展，力求通过取得或保持军事技术优势，夺取战场主动权。2021年，海战科技各领域持续发展，舰船总体技术、海上无人系统、舰载武器技术、舰船电子信息技术、动力能源技术等领域不断取得新进展。为使广大读者全面、深入了解海战科技发展的最新动向，我们组织相关科技信息研究人员，共同编撰了《海战领域科技发展报告》。

本书由综合动向分析、重要专题分析和附录三部分构成，其中综合动向分析部分共有7篇领域综合分析报告，重要专题分析部分包括20篇专题研究报告，附录部分收录了2021年海战领域科技发展十大事件、海战领域科技发展大事记、海战领域重大科研项目、海战领域重大演习与试验活动、海战领域重要战略文件5份文件。

由于海战领域科技涉及专业领域多，学科跨度大，且受时间、信息来源以及分析研究能力所限，书中难免存在错误和疏漏之处，敬请广大读者批评指正。

编者

2022年5月

目 录

综合动向分析

2021年海战领域科技发展综述 ································· 3
2021年舰船总体技术发展综合分析 ························· 19
2021年海上无人系统技术发展综合分析 ················· 27
2021年舰载武器技术发展综合分析 ························· 34
2021年舰船电子信息技术发展综合分析 ················· 44
2021年舰船动力能源技术发展综合分析 ················· 53
2021年海战前沿科技发展综合分析 ························· 65

重要专题分析

综合与战略

美国海军2021版《海军作战部长发展指南》解读 ··············· 79
美国海军部《智能自主系统科技战略》解读 ····················· 87
美国海军《无人作战框架》解读 ····································· 95
美俄在北极地区博弈态势分析 ·· 101

海上无人系统技术

国外未来无人潜航器发展及运用展望 ······························ 108

美国海军大排量无人潜航器技术进展分析 ············· 115
美国海军非引爆式水下灭雷系统分析 ··············· 121
美国海军首次开展聚焦无人系统的舰队演习 ············ 129
英国"人工轮机长"无人舰船自主操控系统分析 ·········· 135

海战装备技术

美国国防高级研究计划局海战项目综合分析 ············ 140
美国海军舰载电磁导轨炮发展现状及暂停原因浅析 ········· 148
美国海军激光武器计划进展与发展趋势 ·············· 161
美国海军利用"实况−虚拟−构造"技术加速舰载机飞行员培训 ···· 167
美国海军舰艇电力与能源技术最新进展 ·············· 172
美军同位素电源发展及在海军应用分析 ·············· 180

海战试验鉴定技术

美国海军"实况−虚拟−构造"技术发展与应用浅析 ········ 189
美国海军水下作战试验鉴定靶场建设分析 ············· 200

海战前沿技术

美国海上跨域通信前沿技术浅析 ················· 205
美国海军"先进海军技术演习"分析 ··············· 213
美国海军积极推进数字孪生技术应用 ··············· 221

附录

2021年海战领域科技发展十大事件 ················ 231
2021年海战领域科技发展大事记 ················· 243
2021年海战领域重大科研项目 ·················· 271
2021年海战领域重大演习与试验活动 ··············· 275
2021年海战领域重要战略文件 ·················· 279

ZONG HE

DONG XIANG FEN XI

综合动向分析

2021 年海战领域科技发展综述

在新一轮科技革命和军事革命的双重推动下，世界主要国家海军基于本国国情，瞄准新的军事需求，出台系列规划计划，积极谋划和发展海战科技，力求通过取得或保持军事技术优势，夺取海战场主动权。2021 年，海上无人系统技术、舰艇平台技术、动力技术、电子信息系统技术、武器技术等取得重要进展。

一、国防科技战略规划陆续出台，海战科技谋划发展不断完善

2021 年，世界主要国家根据国家战略需求，出台战略规划，加强海战领域科技发展布局和谋划，提升海战领域核心能力。

（一）美国海军持续引领海战领域科技发展

2021 年，美国海军积极推动海战领域科技发展。《海军部战略指南》强调，要加速创新和实现现代化，将重点投资人工智能、网络武器、无人平台、定向能、高超声速武器等新兴关键技术和能力，增强和保持两栖机动性、海上优势和信息优势。《海军作战部长发展指南》指出，要加强新兴技

术应用，包括部署广域分布/持久运行的传感器、先进作战网络、远程高速武器等，使作战资源更加分散；利用人工智能和机器学习辅助决策，实现决策优势；加快推进无人系统的部署和运用，以低成本、有效的方式与对手竞争并取胜。海军部《智能自主系统科技战略》提出了三大发展愿景，设置了9项战略目标，并从作战、科学两个方面分析了智能自主系统的影响，最后提出5项推进措施。该战略旨在以智能自主系统为抓手，促进无人系统、人工智能、自主化技术交叉融合，缩短研发、转化、应用进程，加速颠覆性作战能力形成和作战方式变革。海军部《无人作战框架》提出"以能力为中心"的无人系统发展思路，强调与工业界、学术界、盟友和合作伙伴协作，全面、系统加速无人系统能力交付。

（二）其他国家强化海战领域科技投资与发展

俄罗斯、英国、印度等国家高度重视海战领域国防科技发展，将其视为提升军事能力的重要手段。3月，英国政府表示，将在未来4年投入66亿英镑（约91亿美元）推动军事技术革新，重点领域包括太空、网络、量子技术、工程生物学、定向武器、先进高速导弹技术等，并且将努力把新技术集成到陆海空和网络作战中，如在装甲车辆、战斗机和舰船中应用人工智能技术，使军用平台能更好地分析和利用数据，提升不同领域以及与盟友之间的互联互通性。5月，印度和英国公布了"2030防务合作路线图"，以推动双边关系提升为"全面战略伙伴关系"。路线图提出两国要在网络、反恐、海上安全、后勤和培训方面加强合作，推动新技术能力发展。11月，俄罗斯总统普京在"2033年前俄罗斯国家武器装备发展优先事项"中指出：要加速高科技、创新武器的研制和批量生产，完成对"锆石"超高声速巡航导弹的海基测试；加强人工智能在指挥控制、信息传输、高精度导弹以及无人控制等领域的应用，实现武器性能的突破。

二、新型主战舰艇设计方案迭出,潜艇动力系统技术更为成熟

舰艇平台是海军作战能力的载体,继续保持稳步发展态势。2021年,美国、俄罗斯等国家积极开展下一代主战舰艇设计,更多国家常规潜艇采用燃料电池不依赖空气推进(AIP)系统,锂离子电池成为先进常规潜艇动力系统的新选择。

(一)多国开展未来主战舰艇平台设计

2021年,美国、俄罗斯、法国等国家纷纷设计下一代主战舰艇。美国开展下一代攻击型核潜艇SSN(X)设计(图1),将采用新艇体设计方案,重点提高航速和隐身性能,增加武器搭载量和有效载荷种类,可与盟友实现联合作战,确保有效应对更先进的敌方潜艇、无人潜航器等威胁。SSN(X)将采用多种新技术,包括激光武器、共形艇艏声纳、量子技术、可容纳武器和无人潜航器等更多载荷的武器存放舱、更多的鱼雷发射管、极大的舷侧阵列、更安静的电力推进、机动性更好的X形舵、可发射巡航导弹和高超声速武器的垂直发射系统等。

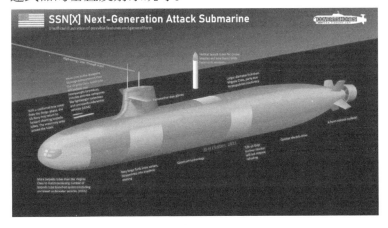

图1 SSN(X)设想图

俄罗斯涅瓦设计局公布了新型航空母舰设计草图，代号"巨蜥"级，长250米，宽65米，吃水9米，排水量4.5万吨，最大航速26节，可搭载50架飞机，包括24架多用途固定翼战斗机、6架直升机和20架无人机，最大特点是紧凑型和高度自动化，且注重无人装备上舰。

法国推动下一代战略核潜艇与核动力航空母舰设计。第三代战略核潜艇于2月进入全面研发阶段，在"凯旋"级核潜艇基础上进一步提升性能，排水量增加至15000吨，可装载16枚M-51型弹道导弹，配装F21重型鱼雷；将改进声纳系统，提升探测能力；采用泵喷推进器，提高推进效率，噪声更低；采用新型涂层，提高了隐身性能；采用X形尾舵，提高机动能力和航行安全性，计划2035年开始列装，逐步取代现役"凯旋"级核潜艇。3月，法国武器装备总署（DGA）授出下一代核动力航空母舰初步设计合同，该航空母舰长300米，排水量7.5万吨，计划采用2组220兆瓦级K22压水堆，航行速度达27节，飞行甲板布局类似美"福特"级航空母舰，舰岛较小且更靠近舰艉，编制有2000名舰员，搭载30架下一代战斗机、无人机以及E-2C/D舰载预警机。

韩国海军年初公布了未来轻型航空母舰概念图（图2），将设置双舰岛，采用直通甲板而非滑跃甲板，可搭载F-35B短距起飞/垂直降落联合攻击战斗机。

图2　韩国轻型航空母舰概念图

(二) 中小国家推动潜艇动力系统发展

2021年,燃料电池AIP系统继续平稳发展。3月,印度国防研发组织成功对燃料电池AIP系统陆基原型样机的技术可行性进行了验证(图3)。这种燃料电池AIP系统可实现艇上制氢,相关技术已达到成熟阶段,能够进行实装应用。印度将要研制的6艘先进常规潜艇(代号75I项目)都安装新型燃料电池AIP系统,以提升水下续航能力和拓展作战范围。目前,德国、意大利、韩国、希腊、土耳其、葡萄牙等国家已经拥有或正在建造燃料电池AIP潜艇。

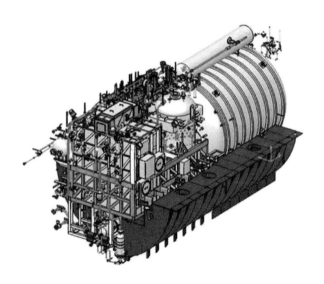

图3 印度国防研发组织设计的AIP系统

潜艇锂离子电池新型动力系统取得新发展。6月,韩国韩华防务公司在2021年度国际海事防务展览会上展示了新型潜用锂离子电池,将用于第二批次KSS–Ⅲ潜艇及后续艇。这种新型动力系统将取代传统铅酸蓄电池,续航能力可提高160%,耐用度和预期寿命将提高1倍。日本是世界上最早采用锂离子电池作为潜艇动力的国家,其"苍龙"级潜艇最后两艘"凰龙"

号和"斗龙"号采用了日本汤浅技术公司最新研发的锂离子聚合物电池（前10艘艇采用斯特林AIP系统），能量密度比铅酸蓄电池高数倍，同体积的锂离子电池储电量达到铅酸蓄电池的2倍以上，水下巡航时间大幅提升，而且重量更轻，十分适合在内部空间有限的常规动力潜艇上使用。日本正在建造的"大鲸"级潜艇将全部采用锂离子电池动力系统。

新型能源发展取得重大突破。8月，美国海军研究实验室展示了两项新的能源技术：一是海水合成燃料技术，通过海水酸化、电解制取二氧化碳和氢气，随后在催化剂的作用下以92%的效率将气体转化为液态燃料；二是先进锌基电池技术，设计了一种全新的三维锌"海绵"电极结构，大幅提高了电极接触面积，缓解了枝晶问题，改善了锌基电池性能，使能量密度超过100瓦·时/千克，达到铅酸电池的2倍以上。高效海水合成燃料技术有望为美国海军无人潜航器、无人水面艇提供全新的能源补给方式，大幅延长无人系统续航能力。锌基电池安全性远高于锂离子电池，成本更低，有望大量用于美国海军的电推进鱼雷，提高鱼雷隐蔽攻击水面目标的能力。

三、电子信息系统技术取得新进展，海上电磁战建设备受美国海军重视

电子信息系统是形成体系作战能力的重要支撑，担负着预警、情报、监视、侦察、通信、指挥控制、电子战等任务。2021年，电子信息系统技术发展继续受到重视并取得重要突破，美国海军加快推进电磁战建设。

（一）电子信息系统技术取得重要突破

各国海军大力发展电子信息系统技术，雷达、声纳、网络、态势感知技术成为发展重点，其中雷达、声纳取得重要突破。

综合动向分析

雷达方面，7月，美国海军研究实验室完成"灵活分布式阵列雷达"（FlexDAR）的首次外场技术验证。试验中，两部工作在S波段、异地部署（相距约130千米）的FlexDAR，通过多条高速光纤连接，采用共同的时钟信号，进行了多波束同时收发，并测量了天线副瓣电平、数据吞吐等技术指标，证实该雷达在探测距离、跟踪精度、电子防护等方面达到了预定目标。该雷达首次在一部雷达天线上实现了探测、通信、电子战等不同功能，以及信号级分布式协同探测。11月，美国海军研究局和雷声公司成功利用两部AN/SPY-6舰载雷达模拟器组成协同雷达，对目标进行了分布式协同探测，生成了完整的目标态势信息。这种协同探测方案能够为美国海军提供电磁机动战能力，支撑分布式海上作战。

声纳方面，2月，美国斯坦福大学利用光声效应原理研制新型机载声纳样机，利用激光照射水面，使水体受热膨胀、汽化、爆炸，在水中产生声波，通过声波探测水下目标，并借由声波穿透水面传播实现非接触探测。这种声纳无须湿端传感器，探测灵敏度高、系统紧凑，可大幅提高反潜探测效率，在有限的滞空时间内探测更广水域。

网络方面，美国海军于年3月组建"对位压制工程"办公室，全面接管海军网络建设，构建跨域跨军兵种的统一网络。7月，海军作战部长吉尔迪表示，该计划相关成果将于2023年前后部署到航母打击群，推动海上编队智能化建设。

态势感知方面，5月，英国防务安全加速器与海军联合发起"海上预警创新"竞赛，寻求增强海军航空母舰和近海打击群态势感知能力的技术。该项竞赛第一阶段拨款125万英镑，被选中的方案将获得最高25万英镑的资金，用于演示概念可行性。7月，美国海军研究局"战术光谱和侦察成像"吊舱完成技术验证（图4）。该吊舱集成了短波红外传感器、广域持续监视传感器、光谱传感器，旨在提高 RQ-21A 无人机情报监视侦察能力。

图 4　"战术光谱和侦察成像"吊舱

（二）美国海军和陆战队加大电磁战建设

2021 年，美国海军加快推进机载/舰载电磁战装备技术的发展。机载电磁战领域，6 月，海军"下一代干扰机"（AN/ALQ-249）中波段机载电子战吊舱完成 145 小时的飞行测试及 3100 多小时的暗室测试，将进入低速初始生产阶段。该吊舱采用开放式系统架构、大功率发射、有源电子扫描阵列及数字式敏捷干扰等技术，将取代 EA-18G 电子战飞机现用的 AN/ALQ-99 系统，在未来强对抗作战环境中干扰、降级和阻断大国对手的雷达和通信设备，是美军备战高端战争的一型关键装备。9 月，美国海军海上系统司令部授予洛克希德·马丁公司总额 1780 万美元的合同，启动"先进舷外电子战系统"（AN/ALQ-248，图 5）低速初始生产工作。该系统是独立的舱式电子战系统，由 MH-60R 或 MH-60S 直升机搭载，旨在利用协同技术为美国海军水面舰提供反舰导弹探测和干扰能力。AN/ALQ-248 可在"电子战管理系统"的控制下，执行电子侦察、有源干扰等任务，并配合舰载电子战系统、诱饵系统共同应对先进反舰武器,给舷外电子战诱饵带来新能力,增强软杀伤防御水平。

图 5　AN/ALQ-248 作战示意图

舰载电磁战领域,诺斯罗普·格鲁曼公司于 6 月向美国海军交付了首套 AN/SLQ-32(V)7 "水面电子战改进项目" Block3 工程与制造开发模型,用于陆上测试,后续将装备"阿利·伯克"级Ⅲ型驱逐舰,将成为美国海军舰载电磁战的主力装备,重点改进电磁攻击能力,以增强防御反舰导弹的能力,提高舰船平台生存率。9 月,美国海军开始为水面舰艇装备电磁战反无人机系统。该系统由诺斯罗普·格鲁曼公司研发,采用"电磁战限制无人机访问技术"来干扰无人机控制信号,这种技术已在阿富汗战场进行过验证。

此外,美国海军陆战队宣布未来 5 年将在电磁战领域投资约 10 亿美元,重点开发可适配多种机载/地面平台的系统、工作频段/功能多样可选的分布式系统、可按功能需求灵活配置的开放式系统以及能够实现互联且共享协同的网络化系统。

四、海军导弹技术、激光武器技术仍是发展热点,新型鱼雷武器技术持续推进,但电磁导轨炮技术停止研发

海军武器决定着海战的成败,而技术水平决定着武器系统的性能。2021年,以导弹、鱼雷、水雷等制导武器为代表的舰载武器技术继续保持平稳发展。电磁导轨炮技术因难以在短期内突破技术瓶颈,且不符合"大国竞争"作战需求而被暂停。

(一)加快推进海军导弹技术发展

导弹作为最重要的海上攻防武器,2021年保持较快发展。美国海军远程反舰导弹在2021财年授权采购48枚,开启小批量采购,标志着该项目取得里程碑进展。4月,波音公司获得价值7395万美元的合同,用于验证远程反舰导弹和P–8A反潜巡逻机的集成,以提升反舰作战能力。3月,美国海军接收首枚"战斧"Block Ⅴ型巡航导弹。该型导弹换装了新型数据链、天线和GPS导航系统,增强了数据传输能力和抗干扰能力,提升了强对抗环境下的作战能力和可靠性。其后续改进型"战斧"Block Ⅴa将换装新型导引头,具备打击海上移动目标的能力;Block Ⅴb将换装"联合多效能战斗部系统",利用新研制的侵彻战斗部增强对地下目标的打击能力。日本批准岸基远程反舰导弹的部署计划,将部署22套12式反舰导弹和82套88式反舰导弹。12式反舰导弹是一种车载机动发射的反舰导弹,最大射程200千米,采用惯导+GPS+地形匹配制导+末段主动雷达制导的复合制导方式,拥有更好的抗干扰能力和命中精度。88式反舰导弹与美国"鱼叉"导弹类似,最大射程180千米。以色列推出新一代"海上破坏者"智能导弹,长度小于4米,直径约350毫米,弹体结构紧凑,采用涡喷发动机和固体火

箭助推器作为动力，以高亚声速飞行，能够在 300 千米的防区外对海上和陆地固定/移动目标实施精确打击。其最大特点是采用了人工智能算法进行任务规划，属于一型具备高智能和自动目标特征识别的巡航导弹。美、俄两国继续推动高超声速武器发展。美国海军透露，将加快开发海基常规快速打击技术，率先将高超声速武器集成到 DDG 1000 "朱姆沃尔特"级驱逐舰上，计划单舰配装 12 枚，2025 年完成，另将于 2028 财年在"弗吉尼亚"级攻击型核潜艇上部署。10 月，美国海军研制的常规快速打击导弹完成固体火箭发动机一级和二级地面点火试验，发动机达到了性能指标要求。该导弹是一型可由水面舰和潜艇发射的助推滑翔式高超声速导弹，采用两级固体火箭发动机，最大飞行速度超过马赫数 5，射程超过 2200 千米，预计 2028 年前将陆续装备 DDG 1000 型驱逐舰、"俄亥俄"级巡航导弹核潜艇、第五批次"弗吉尼亚"级攻击型核潜艇。俄罗斯于 7 月完成了 22350 型护卫舰发射"锆石"高超声速导弹的试验，并于 10 月又在"亚森"级攻击型核潜艇上完成了发射试验，计划 2022 年开始批量装备。

（二）积极研发舰载激光武器

以美国为首的西方国家加快舰载激光武器实战化进程。2021 年，美国海军已将 3 套海军光学眩目拦截器（ODIN）安装在驱逐舰上（图6），并授予 VTG 防务公司合同，为"阿利·伯克"级驱逐舰加装海军光学眩目拦截器。该系统是一种激光拦截系统，可致盲来袭目标的光电和红外传感器。美国海军还完成了高能激光与一体化光学眩目监视（HELIOS）系统的陆上测试工作，下一步将上舰测试。该系统功率 60 千瓦，可用于应对小型船只、无人机和导弹等多种威胁。8 月，美国海军授予 MZA 联营公司价值 1900 万美元的合同，研制低成本、便携式高能激光武器（HELWS），用于反无人机作战。美国海军还启动了 150 千瓦级大型光纤激光武器（SSL－TM）研制计划,将部署在大型两栖舰上。欧洲国家也在积极推动激光武器发展。1月,德国莱茵金属公司和欧洲导弹公司获得德国联邦国防军合同,将为德国海军开发、测试和部署高能激光武器,计划2022年在"萨克森"级防空护卫舰上测试。7月,西莱斯(CILAS)公司向法国武器装备总署和海军演示了HELMA-P激光武器摧毁无人机的能力。该系统计划于2022年在海上进行应对非对称威胁测试,如反近海快速攻击艇,未来将装舰应用。9月,英国国防部授予泰勒斯集团和雷声公司总价值约1亿美元的先进武器项目研发合同,其中将为英国23型护卫舰开发能够探测、跟踪和摧毁无人机的高能激光武器。

图6 "海军光学眩目拦截器"

(三)持续发展新型水中兵器

俄罗斯、日本、美国等国家积极发展鱼雷、水雷等水中兵器。1月,俄罗斯潜艇部队开始列装UET-1新型通用电动鱼雷。该鱼雷射程25千米,速度高达50节,采用声学自导系统。电动鱼雷相比热动力鱼雷,其在发起攻击时噪声更低。此外，这型鱼雷速度、攻击距离、目标探测能力都远优于苏联研制的电动鱼雷，将大幅提高俄罗斯海军水下隐蔽攻击的能力。俄罗斯战术导弹集团公司还在研发全新的小型空潜鱼雷，将替代 APR–3ME 鱼雷，射程将大幅提升，可在较大范围内搜索目标，并利用人工智能等先进算法处理目标信息。日本海上自卫队于 4 月试射了新型 18 型鱼雷。该型鱼雷将于 2022 年 5 月交付日本海上自卫队，以替代现役 89 型鱼雷。据报道，18 型鱼雷将在推进系统、目标探测和信息处理等方面进行改进，计划装备日本"大鲸"级新型常规潜艇。7 月，美国海上系统司令部授予波音公司价值 5830 万美元的合同，为空投快速打击增程水雷设计和生产滑翔套件。该套件可在水雷投放后弹开，为水雷提供滑翔能力以增加射程，并使载机与敌方防区保持安全距离。水雷配装这种滑翔套件后，在 1 万米高空投放时，可滑翔大约 74 千米。除了滑翔套件，快速打击增程水雷还将配备联合直接攻击弹药使用的精确制导套件，以及可探测过往舰船和潜艇的声学、磁、地震等传感器。

（四）美国海军暂停舰载电磁导轨炮研制

7 月，美国海军 2022 财年预算申请文件显示，海军已暂停发展舰载电磁导轨炮（图 7），主要原因包括：一是舰载电磁导轨炮有效射程较近，通常不超过 185 千米，无法用于超视距海战，且随着射程 200 千米以上的中远程反舰导弹技术持续扩散，无法确保舰艇在安全距离上实施对陆火力支援；二是缺少搭载平台，目前仅 3 艘 DDG 1000 型驱逐舰满足电磁导轨炮搭载条件（3 艘舰最多可搭载 6 门电磁导轨炮），其他大型水面战斗舰均无法搭载，短期内难以形成规模化作战能力；三是工程化应用仍需突破大量技术瓶颈，如导轨寿命不足、储能系统体积重量大、对舰上空间要求极高改装难度大。停止电磁导轨炮项目所节省的经费，将被用于短期内能提升美国海军作战能力的项目,如高超声速导弹、定向能系统(如激光)、电子战系统等,以支撑美国海军实施"大国竞争"战略。

图 7　电磁导轨炮样机

五、海上无人系统技术发展进入新阶段

2021 年,在美国海军的大力推动下,海上无人系统技术进入发展新阶段,多项无人系统技术取得重要成就。

自主技术持续发展。2 月,UMS 斯柯达公司的"斯柯达"V-200 战术旋翼无人机在海军舰艇上成功完成自主起降。这是军用无人机首次在舰艇上实现自主起降。4 月,英国国防部资助罗尔斯·罗伊斯公司进一步研发"人工轮机长"技术,用于军事无人舰艇自主控制,确保无人舰艇在较少人机互动的情况下执行长航时任务,以提高海军远征的补给效率,降低补给成本。

协同技术进行演示验证。4 月,美国海军在南加州圣迭戈附近海域开展

"无人系统综合作战问题21"演习,首次以无人系统协同、有人/无人联合作战为重点,演练了情监侦、目标指示与导弹射击、跨域有人/无人编组等科目,是美国海上无人系统体系化作战应用的重大突破。

继续研制布放回收技术。5月,美国无人机工厂公司推出新型便携式无人机气动弹射系统。该系统重新设计了气动组件,大幅度提升了系统性能,能够发射质量重达60千克的无人机,最大发射速度为26米/秒。6月,瑞典皇家理工学院(KTH)公布潜用"滑道"潜航器回收坞概念。该回收坞由执行电动机、固定式轨道、可移动轨道及扩展底座组成,可适配多种形状和尺寸的潜航器,能够在潜艇坐底、悬停和机动等状态下使用,有利于潜艇作战灵活性。

推进新型先进负载发展。9月,RE2机器人公司获得美国海军研究局950万美元合同,研制可与无人潜航器集成的高性能水下电驱动机械臂(图8),以非引爆方式隐蔽地清除水雷、水下简易爆炸物、未爆弹药等威胁。

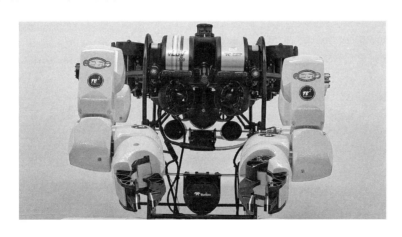

图8 RE2机器人公司的商用水下机械臂

利用仿生技术改进无人系统。1月,英国南安普顿大学与爱丁堡大学研制出一型"乌贼水母"仿生推进机器人,利用共振技术提高推进效率与速度，比典型的由螺旋桨驱动的小型水下机器人效率高 10~50 倍。8 月，美国弗吉尼亚大学研制出一种尾部刚度可调的仿鱼机器人，在以类似金枪鱼摆尾的频率和速度条件下，游泳效率翻倍。

无人机加油技术取得突破。波音公司为美国海军研制的 MQ-25A 舰载无人加油机样机完成多项加油试验：6 月，首次为海军 F/A-18 舰载机加油；8 月，为 E-2D "先进鹰眼"舰载预警机加油；9 月，为海军 F-35C 战斗机加油。这些空中加油实验表明，MQ-25 无人加油机相关技术基本成熟，具备实用化基础，应用后有望降低空中加油装备被防空武器击落的概率，并摆脱传统大型加油机航程、航线限制，大幅提高航空母舰编队作战的补给灵活性，扩大舰载机作战范围。

（海军研究院　李红军）

（中国船舶集团第七一四研究所　周智伟）

2021 年舰船总体技术发展综合分析

2021 年，国外舰船总体技术全面发展，特别是新型航空母舰方案陆续出台成为舰船装备发展中的热点，显示了不同国家对未来航空母舰的个性化需求和发展思路。同时，舰船维护和材料技术的发展对延长舰船使用寿命、提高舰船技战术性能起到良好促进作用。

一、新型航空母舰设计细节满足航空母舰未来作战的需求

（一）俄罗斯、法国、韩国新航空母舰设计方案陆续披露

1. 俄罗斯涅瓦设计局公布新型航空母舰设计方案

1 月 18 日，俄罗斯涅瓦设计局通过塔斯社公布了代号"瓦兰"的新型航空母舰更多信息（图 1）。该航空母舰排水量约 4.5 万吨，长约 250 米，宽约 65 米，吃水约 9 米，最高航速 26 节，可搭载 24 架多用途战斗机、6 架直升机和 20 架无人机，自动化程度高，飞行甲板配备有包括 3 套阻拦索在内的多种设备。新型航空母舰采用舰岛前置设计，以利于舰桥能够获得更宽阔和更好的下部视野，提升舰船操纵性能。

图1 "瓦兰"航母概念图

2. 法国披露下一代航空母舰更多细节

4月8日,法国海军披露了下一代航空母舰的更多细节,并将在2034—2036年间进行船坞装配(图2)。新航空母舰排水量75000吨,长300米,舰员2000名,采用2组220兆瓦级K22压水反应堆,最高航速27节;可搭载30架法国、德国、西班牙三国"未来作战空中系统"(FCAS)计划开发的新一代舰载战斗机,并装备电磁弹射器和新型阻拦装置以支持舰载机起降;计划采用的通用原子公司电磁弹射器将于2030年前在美国新泽西州的莱克赫斯特进行测试。下一代航空母舰预计于2031—2034年在法国圣纳泽尔的大西洋船厂进行船体分段的建造和组装,2036年海试,2038年入役。

3. 韩国造船商公布轻型航空母舰设计方案

6月9日,韩国现代重工集团和大宇造船公司在国际海事国防工业展览会上各自展示了未来轻型航母CV–X的概念设计方案(图3)。现代重工集团的1∶400模型显示其航空母舰长270米,宽60米,标准排水量30000~35000吨,满载排水量45000~50000吨;采用滑跃甲板和双舰岛设计,飞行甲板上最多可搭载16架垂直起降飞机,另有8架存放于机库,此外还可搭载约24架直升机;舰尾设有1个可操作小型旋翼无人机的辅助甲板和1个用于部署无人艇或无人潜航器的坞舱。大宇造船公司的1∶125模型显示其航空母舰长263米,宽46.6米,满载排水量45000吨;双舰岛设计但未采用滑跃甲板;飞行甲板可搭载16架垂直/短距起降战斗机,机库中可存放12架;该舰配备反无人机防御系统。

图2 法国海军新一代航空母舰效果图

(二)新型舰艇设计研制推动舰艇平台创新发展

1. 俄罗斯研制可潜式巡逻舰

4月,俄罗斯联合造船公司(USC)下辖红宝石中央设计局新闻处表示,已研制出可潜式巡逻舰(图4),命名为"哨兵"。"哨兵"舰长60~70米,排水量约1000吨,每艘巡逻舰最多容纳42人。该巡逻舰结合了潜艇和水面巡逻舰的优势：①隐蔽监视入侵者，可进行情报、监视、侦察，能在极端复杂的天气中航行；②作为经济型训练舰船，用于预备船员训练。红宝石中央设计局称，巡逻舰成本相对较低，适于预算较少的国家；除用于侦察任务外，还可用于海上救援或开展科研活动。

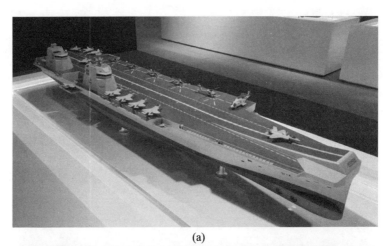

(a)

(b)

图3　现代重工集团和大宇造船展示的未来 CV－X 模型

综合动向分析

图 4　半潜式巡逻舰概念图

2. DARPA 选择 L3 哈里斯技术公司设计自主水面船概念

3 月，DARPA"无人值守船"（NOMARS）项目选择 L3 哈里斯技术公司设计"自主水面船概念"。该公司此前参与了项目第一阶段工作，并提出初步概念方案，后续将优化"无人值守船"的建造、后勤、作战以及全寿期维护。其设计概念采用先进的操作系统，能自主决策和行动，无须人员干预，帮助优化自主水面舰艇作战，以支持美国海军未来任务。L3 哈里斯技术公司已与 VARD 海洋公司合作，评估概念以及架构和船体的设计，并联合设计了机电系统。

3. 意大利芬坎蒂尼将为本国海军研制新型常规潜艇

10 月，意大利海军将建造 4 艘常规潜艇，芬坎蒂尼公司将承担本国"212 近未来潜艇"（U212NFS）项目的主承包商和设计机构任务，承担包括平台系统架构开发、作战和相关系统集成等任务。新型潜艇在德国蒂森克虏伯 212 型潜艇的基础上进行了大幅改进：艇型更优化，具有更好的流体力学效率；增加了燃料存储容量，提高了续航能力；配备锂离子电池，与不依赖空气推进系统一起改善潜艇的隐蔽性；改进冷却系统，可更好地在热带环境中运行；配备了多传感器数字声纳系统和艇载传感器套件。根据计划，2022年6月该项目完成关键设计审查，2026年完成首艇建造，2027年底交付；2号艇则将以同样的生产节奏晚一年推出；3号艇将开始集成新的燃料电池系统。

二、新工艺、新材料的发展提高舰船保障性和技术战术性能

舰船装备昂贵，新工艺的发展可以有效提升现有装备的维护效率，保障舰船良好的使用状态并进一步延长使用寿命，同时新工艺也可进一步拓展到新舰船的建造过程中。新材料的发展应用则会有力推动舰船技战术性能的提升。

（一）美国海军利用激光表面改性修复金属表面腐蚀

1月，受美国海军研究局资助的内布拉斯加大学林肯分校开发出一种激光系统，可修复和预防铝制船体的表面腐蚀。铝制船体长期暴露在海洋环境下，易发生腐蚀和开裂，为此，研究人员通过优化激光系统参数，利用高能激光束对金属材料表面进行局部加热，再依靠材料自身热传导进行冷却，从而使被激光加热的表面区域的组织、成分、物理及化学性能发生变化，以达到修复腐蚀区域的目的。通过进一步改进，操作人员只需在系统中输入待修复金属的类型、厚度等数据，即可自动确定激光的波长、功率等参数。新开发的激光系统结构简单、易携带、安全性好，安装在舰上可直接修复腐蚀部位而无须入坞维修，从而延长了舰艇部署和海上执行任务时间。

（二）纳米复合材料用于舰艇高温超导电缆

9月，美国罗文大学的研究人员研制出聚酰亚胺纳米复合材料和聚酰胺纳米复合材料，具有优异低温介电性能。研究人员以聚酰亚胺或聚酰胺为基体，氧化硅纳米颗粒为增强体，制备出两种聚合物基纳米复合材料，随后在不同负载和温度条件下测试了纳米复合材料的介电性能。测试结果表明，两种纳米复合材料的低温介电强度均高于传统复合材料；当温度由27℃降至–181℃时，受聚合物基体收缩、载流子密度降低等因素影响，两种材料的介电强度显著增加，其中聚酰亚胺纳米复合材料的介电强度更高。–181℃下，聚酰亚胺纳米复合材料的介电强度达到261~280千伏/毫米。高温超导输电技术具有传输容量大、线路损耗小等优势，可大幅提升舰艇电网性能。这项研究为理解介电材料低温失效提供了新思路，将促进舰艇高温超导电缆的研制和应用。

（三）美国运用数字孪生技术为"北极星"号破冰船延寿

8月，美国2022财年预算斥资1500万美元用于支持海岸警卫队唯一一艘重型破冰船"北极星"号（图5）的延寿工作。总部位于加拿大的凯斯特普（Gastops）公司将运用数字孪生技术为这艘老化的破冰船建立一份数字复制，公司总裁兼首席执行官肖恩·霍宁表示，将收集"北极星"号极地重型破冰船的数据，以创建一个以相对较低成本进行风险评估的计算机模型。霍宁指出，由于该船船龄已长，要找到进行这艘船舶数字复制所需的全部数据将是一项挑战，其中一些数据必须进行估算。

（四）法国舰艇装备集团为舰艇安装3D打印螺旋桨

1月，法国舰艇装备集团利用与南特高等商学院联合研发的金属丝熔融沉积工艺，制备出新型螺旋桨，并首次安装于现役舰艇"仙女座"号猎雷舰，在实现结构减重的同时提高了推进效率和隐身性。这种3D打印螺旋桨长2.5米,由5个质量200千克的叶片组成,是世界上最大的金属3D打印船用推进器。已经过了法国舰船装备集团和法国船级社的技术验证,以及法国海军舰队保障服务中心(SSF)和法国武器装备总署(DGA)的舰上叶片试验。

图5 "北极星"号重型破冰船

(五)俄罗斯技术国家集团为"北风"级潜艇生产新型消声瓦

3月,俄罗斯技术国家集团子公司副总经理谢尔盖·桑达洛夫表示,为"北风"级战略核潜艇研制的新型消声瓦已开始生产。这种新型消声瓦能降低噪声和被探测概率,提高潜艇隐蔽性。新型消声瓦由质量达80千克的单个复合钢板组成,每块板内有合成橡胶,结构上设计了用于吸收声波的特殊通道。

(中国船舶集团第七一四研究所 高萌 史腾飞)

2021 年海上无人系统技术发展综合分析

2021 年,海上无人系统技术持续快速发展,自主技术通过水面、空中无人系统分别开展了导航、控制、舰上起降测试;有人/无人协同技术已开展大规模演示验证;无人系统负载技术向跨介质探测、复杂水下作业等方向发展;仿生技术进一步优化无人潜航器推进效率。

一、无人系统自主技术继续扩大应用和优化改进

2 月,英国国防部要求罗尔斯·罗伊斯公司进一步开发"人工轮机长"技术。该技术用于无人艇的自主控制,可监控无人舰艇各类机械的健康状况,在较少人机互动的情况下执行长航时任务。

2 月,UMS 斯柯达公司的"斯柯达"V–200 战术旋翼无人机(图 1)在海军舰艇上成功完成自主起降。这是军用无人机首次在舰艇上实现自主起降。该飞机使用激光高度计和 GPS 组合跟踪定位,并计算与平台的距离,从而自主实现平稳安全着陆。3 月,新加坡开始在无人艇上测试自研的人工

智能导航算法，该导航算法专为新加坡的海上交通模式开发，用于艇上导航图、海上自动识别等。

图1 "斯柯达"的 V-200 战术旋翼无人机

二、有人/无人协同技术实施大规模演示验证

4月，美国海军在南加州圣迭戈附近海域开展"无人系统综合作战问题21"演习，首次以无人系统协同、有人/无人联合作战为重点，演练了情监侦、目标指示与导弹射击、跨域有人/无人编组等科目，是美国海上无人系统体系化作战应用的重大突破。此次演习促进美国海军有人/无人装备体系整合。演习验证了不同作战场景下，无人机、无人水面艇、无人潜航器与有人舰艇多域协同作战能力，为研发人员和作战人员提供丰富经验，将进一步促进技术迭代升级，提高无人装备在有人舰队中的集成和应用能力。

三、继续研制新型高效无人系统布放回收技术

5月,美国无人机工厂公司推出新型便携式无人机气动弹射系统。该弹射系统重新设计了气动组件,大幅度提升了系统性能,气动压力最高可达1.6兆帕。这种新型弹射系统有4米和6米两种尺寸,与普通气动弹射系统相比,4米的弹射系统性能提升60%;6米的弹射系统性能提升35%。实际测试表明,该新型弹射系统能够发射质量达60千克的无人机,最大发射速度为26米/秒。

6月,瑞典皇家理工学院公布潜用"滑道"潜航器回收坞概念。"滑道"由执行电动机、固定式轨道、可移动轨道及扩展底座组成,扩展底座为框架式结构,外形如一段U形滑道,底部铺设缓冲橡胶垫,侧面固定编织网,框架上沿布置灯光、传感器以及回收坞和潜航器通信设备。执行回收操作时,"滑道"展开,扩展底座探出潜艇;潜航器受控航行至扩展底座上方,调整姿态降落在缓冲橡胶垫上;落稳后,潜航器将定位销伸入编织网网眼实施固定;轨道回缩,将潜航器回收至潜艇内(图2)。"滑道"适配多种形状和尺寸的潜航器,能够在潜艇坐底、悬停和机动等状态下使用,有利于潜艇作战灵活性。

图2 "滑道"潜航器回收坞主要结构示意图

四、先进负载技术提升无人系统复杂作业能力

2月,斯坦福大学开发了一种可供无人机搭载的新型光声机载声纳系统(图3),可在传感器不入水的情况下实现水声探测。光声机载声纳系统由空气耦合电容式微机械超声换能器、激光发射器等组成,空气耦合电容式微

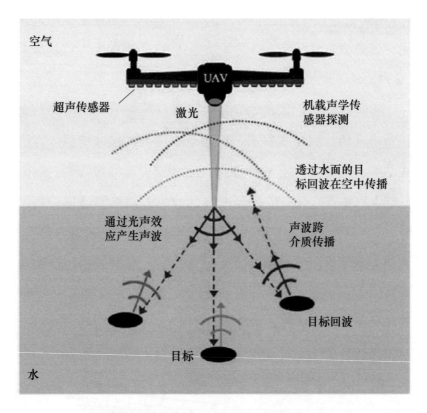

图3 光声机载声纳系统原理示意图

机械超声换能器是一种声波检测器,中心频率为71千赫,灵敏度高于激光多普勒振动计(LDV)。其核心组件是带有薄板的简单电容器,接收到声波

时，薄板产生位移导致电容变化，这一变化经处理可检测出声波。换能器工作时，激光发射器向水面发射强度调制激光，通过光声效应（能量密度小于 $1\sim2$ 焦/米^2 的激光照射水表面时，水表面因不均匀加热产生热弹性压力波即声波，调制入射激光强度可控制其幅度和相位）形成声源，其发出的声波向水下传播，遇目标反射形成的回波经空气耦合电容式微机械超声换能器捕获接收，系统后处理生成水下目标的图像。光声机载声纳系统体积小、重量轻、灵敏度高，适合无人机搭载，并可配装多种飞行器，用于空中探测水雷、潜艇及其他水下目标，还可用于执行海洋生物调查、海上事故搜救、绘制海图等任务。

9 月，RE2 机器人公司获得美国海军研究局 950 万美元合同，研制可与无人潜航器集成的高性能水下电驱动机械臂，以非引爆方式隐蔽地清除水雷、水下简易爆炸物、未爆弹药等威胁。该机械臂具有 7 个自由度，推重比 3∶1。使用可穿戴的"直观模仿控制器"模仿操作人员的动作比例，由 2 个 7 自由度手臂和 2 自由度躯干组成。采用集成"探测"与"智能"算法的自主控制技术，其中"探测"算法利用多模 2D、3D 成像传感器测量非结构环境，然后根据实时视觉处理算法结果连续调节机械臂的位置和方向；"智能"算法则利用"探测"算法数据，结合机器学习、深度学习、几何计算机视觉技术，实现机械臂自主决策。使用商用直流电动机控制器改装的尺寸 37 毫米×52 毫米×15 毫米、质量 17 克的紧凑控制器，解决了商用直流电动机控制器体积、重量过大的问题；每个机械臂关节处定制封装商用传动系统组件，以控制散热路径，解决电动机过热时效问题；关节密封设计处使用新材料，可在不影响主要部件的情况下向关节注油，实现压力补偿以满足不同深度工作要求。

五、仿生技术提高潜航器推进效率

1月,英国南安普顿大学与爱丁堡大学研制出一型"乌贼水母"仿生推进机器人(图4)。该机器人结合了乌贼和水母两种生物的特点,利用共振技术提高推进效率与速度。该仿生机器人由头、尾两部分组成。头部类似乌贼,由漂浮物和压载物构成;尾部类似水母,由8个橡胶膜包裹的3D打印柔性触手形成内腔,内腔内置活塞与触手相连。运动时,头部驱动器产生径向振荡引起活塞往复运动,带动触手柔性内腔进行周期性收缩与扩张,产生液体射流推动机器人前进。经测试,驱动频率与固有频率比值接近1时,触发自然共振,机器人速度达0.98体长/秒。"乌贼水母"仿生推进机器人具有推进效率高、对环境扰动小等优势,携带微小型任务设备后可用于隐蔽侦察、海洋探索、海底地图绘制等任务。

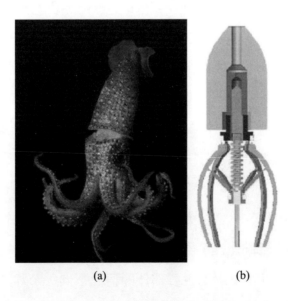

图4 "乌贼水母"仿生推进机器人示意图

8月，弗吉尼亚大学研制出一种尾部刚度可调的仿鱼机器人，能有效提高航速和推进效率。仿鱼机器人受鱼类游动时调节尾部刚度调整速度的启发，通过可编程人造肌腱研制而成，可调节尾部刚度，持续保持较高推进效率。仿金枪鱼机器人在速度范围内可持续保持高推进效率，相比尾部刚度不可调机器人的效率分别提升16%（中等刚度）、41%（强刚度）和55%（弱刚度）。该技术成果可用于优化仿生无人潜航器设计，提高推进效率。

（中国船舶集团第七一四研究所　朱鹏飞）

2021 年舰载武器技术发展综合分析

2021 年，美国、俄罗斯等国家稳步推进舰载武器技术发展，海基高超声速武器发展迅猛、迅速走向实用化，舰载激光武器技术不断成熟、试验性列装规模不断扩大。

一、海基高超声速导弹技术迅速走向成熟

2021 年，美、俄两国大力发展舰载高超声速导弹技术，将其视作大国高端海上对抗的杀手锏武器。

（一）俄罗斯舰载高超声速导弹即将进入部署阶段

3 月，俄罗斯北方舰队的 22350 型护卫舰首舰"戈尔什科夫"号在巴伦支海再次完成"锆石"高超声速导弹海上试射（图1）。该舰自 2020 年底以来，已多次试射"锆石"高超声速导弹，充分验证了这型导弹的水面发射技术可靠性；7 月，"戈尔什科夫海军上将"号完成了"锆石"高超声速导弹最新水面发射试验，导弹飞行距离超过 350 千米，最大飞行速度超过马赫数7。

综合动向分析

图1 "锆石"高超声速导弹示意图

10月,俄罗斯"亚森"级核潜艇"北德文斯克"号在白海成功完成"锆石"高超声速导弹首次水下发射试验,发射深度约40米,导弹击中了位于巴伦支海的靶标。

"锆石"是全球首款舰/潜载高超声速导弹,可打击海上和陆上目标。俄罗斯官方声称其最大飞行速度可达马赫数9,最大射程1000千米,战斗部质量400千克;可由水面舰和潜艇的3S-14通用垂直发射装置发射。2020年以来,俄罗斯利用巡洋舰、护卫舰、核潜艇等平台开展了"锆石"导弹的系列发射试验,充分验证了导弹的多平台发射能力。

(二) 美国海军全面推进海基高超声速导弹技术成熟

3月,美国海军与洛克希德·马丁公司签署15.4亿美元合同,研制"常规快速打击"(CPS)武器系统(图2)。CPS旨在研制一型可由水面舰和潜艇发射的助推滑翔式高超声速导弹,导弹采用二级固体火箭发动机,最大射程约3000千米,最大飞行速度超过马赫数5。此次签订的合同内容包括样弹试飞和实用化武器的设计、研制、集成等内容。4月,美国海军作战部长迈克尔·吉尔迪表示,将率先为 DDG 1000 型驱逐舰列装助推滑翔式高超声速导弹。具体方案是：拆除 DDG 1000 型驱逐舰的 2 门"先进舰炮系统"155 毫米舰炮,换装 4 具名为"先进负载模块"发射装置,每具发射装置可装填 3 枚导弹。在 2022 财年预算中,美国海军申请了 1.125 亿美元舰艇改装经费。

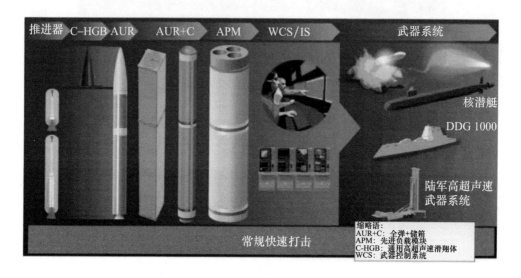

图 2 美国海军"常规快速打击"项目概况

5 月,美国海军战略系统项目办公室联合洛克希德·马丁公司、诺斯罗普·格鲁曼公司,对 CPS 高超声速导弹的一级固体火箭发动机进行了地面点火试验,发动机达到了所有性能指标；8 月,又完成二级固体火箭发动机点火试验,并测试了发动机的推力矢量控制系统。按照美国海军计划,2022 财年第一季度将开展高超声速弹头的第二次试飞,2023 年实现水面发射,2024 年实现水下发射,2025 年列装 DDG 1000 型驱逐舰,之后列装第五批"弗吉尼亚"级攻击型核潜艇。

除积极研制助推滑翔式高超声速导弹外,美国海军还在发展机载高超声速巡航导弹。在 2022 财年预算中,美国海军为"进攻性反舰战"增量 II

阶段申请了近 5700 万美元经费，明确提出研制空射高超声速反舰巡航导弹，目前的备选方案包括 DARPA 的吸气式高超声速武器、国防部研究与工程副部长办公室资助的可超声速推进的先进冲压发动机快速样机、海军研究局的高超声速创新型海军样机等。

二、持续推进传统对海打击导弹试验测试与集成

2021 年，美、俄等军事大国持续发展岸基、空基、海基对海打击导弹，强化多域反舰作战能力。

（一）美国海军提升海上多任务飞机反舰能力

4 月，波音公司获得一项价值 7395 万美元的成本加固定费用合同，旨在将 AGM-158C 远程反舰导弹集成到美国海军 P-8A "波塞冬" 反潜巡逻机上，并开展所需软件和辅助硬件的设计、开发和测试，预计 2024 年 10 月完成。远程反舰导弹是一种远程精确制导反舰导弹，采用多模态传感器套件、武器数据链路和增强型数字抗干扰全球定位系统，配备半穿甲，可全天候对海上集群目标中的特定目标实施精确打击。

6 月，美国海军 P-8A "波塞冬" 海上多任务飞机发射了 2 枚 "鱼叉" AGM-84 反舰导弹，成功命中了位于挪威附近海域的海上目标。此次试验验证了 P-8A 的空基反舰作战能力。

（二）日本、韩国、以色列积极推进新型反舰导弹技术成熟

日本新型空射反舰导弹即将批产。1 月，日本防卫省宣布，将大规模生产增程型 ASM-3 空射超声速反舰导弹，即 ASM-3A，但并未公开导弹的单价和采购数量。ASM-3A 使用了部分正在研发的 ASM-3（改）型导弹的技术，但并未透露导弹的射程。ASM-3（改）型导弹是 ASM-3 的改进

版。ASM-3 最大飞行速度预计可达马赫数3，最大射程200千米，由日本三菱重工和防卫省联合研发。但 ASM-3 并未列装，可能被 ASM-3A 和 ASM-3（改）替代，后者有望配装航空自卫队 F-2 战机和未来的 F-X 战机。日本将利用 ASM-3A 和后续服役的 ASM-3（改）导弹提高对西南岛屿的防御能力，防卫省预计，ASM-3A 导弹的全寿期成本约为3350亿日元。有人士分析认为，日本防卫省可能不会大规模采购 ASM-3A，最终采购数量可能仅为数十枚。

韩国发布新型超声速反舰导弹。9月，韩国公开了新型超声速反舰导弹。这型新导弹外观上与俄罗斯"宝石"超声速反舰导弹类似，未来可由下一代驱逐舰（KDDX）和第二批 KDX Ⅲ 驱逐舰搭载。这是韩国自主研发的超声速巡航导弹，可精确打击敌大型水面目标，飞行速度可达马赫数2~3。同步公开的还有9月15日至17日两次导弹试射的视频（图3）：第一部视频显示，导弹快速贯穿了靶船上的靶网；第二部视频显示，导弹击中了支撑靶网的金属杆。试验结果证明，导弹可精准打击大型水面目标水线附近部位。此外，本次试射结合与俄制 P-800 导弹类似的外观，初步证实了此前流传的韩国将利用俄罗斯技术本土研制超声速巡航导弹的言论。韩国国防部正在积极研制舰岸、岸舰、舰舰三种超声速巡航导弹。本次公布的为岸舰型，最大射程可能达到500千米。韩国未公开这型导弹的更多细节，但整体尺寸可能略小于俄制"宝石"超声速巡航导弹。

以色列推出"第五代"反舰导弹。6月，以色列拉斐尔先进防务系统公司公布了"海上破坏者"导弹（图4），这是一型全新的第五代远程自主精确打击导弹系统，可对300千米范围内的海上和陆上目标实施外科手术式打击。"海上破坏者"导弹可从导弹快艇、轻护舰、护卫舰等不同吨位的海上平台发射；使用红外成像导引头，采用深度学习算法和基于大数据的场景匹配技术,可自主捕获和识别目标,可在卫星导航拒止环境和各种气候条件下保持完全作战能力;高亚声速飞行,采用质量为250磅(1磅=0.45千克)的穿甲爆杀战斗部,可依据预先制定的攻击方案(包括航路点、方位角、冲击角度、瞄准点等),从不同方向同步打击目标;支持实时人在回路决策制定和战术调整,还可在飞行途中终止任务或执行毁伤评估。

图3 试验中的韩国超声速反舰导弹

图4 以色列"海上破坏者"反舰巡航导弹示意图

三、新型鱼雷取得重要技术突破

2021年，多国积极发展新型鱼雷技术，并取得重要突破。

（一）俄罗斯首款电动鱼雷交付海军

俄罗斯战术导弹武器集团公司总经理鲍里斯·奥布诺索夫1月表示，已完成对苏联解体后研制的首款电动鱼雷的国家试验，批产型鱼雷已经交付海军。奥布诺索夫没有透露鱼雷的具体型号，但其指出，苏联时代曾生产过该类型鱼雷，但技术战术性能不佳；这种新型电动鱼雷的性能不仅有巨大提升，而且不论是在安静性、射程、攻潜深度还是在目标探测距离方面都明显优于西方同类产品。

（二）日本海上自卫队试验新型鱼雷系统

6月，日本海上自卫队佐世保地区总部发言人称，日本海上自卫队于4月在鹿儿岛声学测量站试射了新型鱼雷，但未披露提供更多细节。该鱼雷可能是18式鱼雷，首枚鱼雷预计2022年5月交付日本海上自卫队，并逐步取代现役89式鱼雷。18式鱼雷在初始研发阶段（2012—2017年）被称为G-RX6（图5），采用了新的推进系统、目标探测、信息处理等技术，研制成本估计超过90亿日元（合8200万美元），将装备日本海上自卫队"大鲸"级常规潜艇。

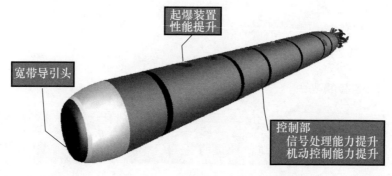

图5 日本18式鱼雷结构示意图及主要改进

(三) 英国海军"旗鱼"Mod1 鱼雷达到初始作战能力

5 月,英国改进型"旗鱼"鱼雷,即"旗鱼"Mod1 型达到初始作战能力,并由英国海军"无畏"号核潜艇在巴哈马进行了一系列的深水试验。

相关试验为期 3 天,"无畏"号发射了 5 枚"旗鱼"Mod1,验证了该鱼雷在最大作战深度下的性能,并利用对抗措施检验了鱼雷的制导能力。"旗鱼"Mod1 型采用新的战斗部、燃料、智能控制、光纤线导等技术。英国海军即将对现有的"旗鱼"鱼雷进行改进,升级至 Mod1 型,预计 2025 年前装备所有海军潜艇。

四、舰载激光武器加速应用、电磁导轨炮项目暂停

2021 年,国外海军高能激光武器研制持续推进,电磁导轨炮项目暂停。

(一) 美国海军持续研制列装舰载战术激光武器

60 千瓦级激光武器样机交付。2021 年 1 月,洛克希德·马丁公司宣布,已于 2020 年底向美国海军交付了"高能激光与一体化光学眩目监视"舰载战术激光武器样机。该系统是美国海军"海军舰载激光武器系统"(SNLWS)项目增量 I 阶段支持研发的一型激光武器样机。2018 年 1 月,海军授予洛克希德·马丁公司 1.5 亿美元合同,研制工作正式启动。样机以光纤激光器为光源,采用光谱合束技术,输出功率 60 千瓦,光束质量较高。样机兼具三种功能:一是在大于 2 千米的距离有效毁伤无人机、小型快艇等目标;二是致盲目标搭载的光电设备;三是执行光电探测任务并回传舰艇作战系统。8 月,美国海军透露,交付的"高能激光与一体化光学眩目监视"样机(图 6)正在瓦勒普斯岛试验,通过收集真实环境下的试验数据确认最终设计方案。

图 6　"高能激光与一体化光学眩目监视"样机模型（圈处）

软杀伤激光武器系统持续交付。7 月，美国海军水面战中心怀尼米港分部选定 VTG 公司，为更多舰艇配装新型激光武器，以应对无人机等非对称威胁。根据合同，VTG 将为 5 艘"阿利·伯克"级驱逐舰上集成 AN/SEQ – 4 海军光学眩目拦截器战术激光武器系统，用于致盲对手光学传感器。同月，美国海军公布的照片显示，"斯托克代尔"号（DDG 106）驱逐舰已集成海军光学眩目拦截器系统。

（二）美国海军暂停研制舰载电磁导轨炮

作为舰载电磁导轨炮发展的龙头国家，美国海军在 2022 财年预算申请中未列支电磁导轨炮研制经费，表明美国海军已暂停发展舰载电磁导轨炮。美国海军发言人称，电磁导轨炮的研制工作将于 2021 年底终止，以为高超声速导弹、定向能系统（如激光）、电子战系统腾出更多资源。据分析，美国海军终止舰载电磁导轨炮的原因主要包括三点：一是舰载电磁导轨炮性能指标不适应"大国竞争"。无法用于超视距海战，且随着射程 200 千米以上的中远程反舰巡航导弹装备技术持续扩散，电磁导轨炮的最大射程无法确保舰艇可在安全距离上实施对陆火力支援。二是缺少搭载平台。目前仅3艘DDG 1000型驱逐舰满足电磁导轨炮搭载条件（3艘舰最多可搭载6门电磁导轨炮），其他大型水面战斗舰均无法搭载，即便电磁导轨炮成功列装，短期内也难以形成规模化作战能力。三是工程化应用仍需突破大量技术瓶颈。根据美国海军官员透露，美国海军电磁导轨炮样炮目前仍有大量关键技术需要攻破。首先是导轨寿命不足，目前的样炮发射10～20发炮弹后就需更换导轨，相较于传统火炮炮管600发的寿命，实用性极差；其次是储能系统体积和重量大，通用原子公司公布的模块化高能脉冲电源储箱（HEPPC）尺寸与标准的10英尺集装箱相同，需3～5个HEPPC才可支撑32兆焦电磁导轨炮发射1枚炮弹，对舰上空间要求极高，舰艇改装难度大。据美国海军估计，解决上述技术难题仍需大量时间和经费。

（中国船舶集团第七一四研究所　白旭尧）

2021年舰船电子信息技术发展综合分析

2021年，围绕支撑新型作战概念、新理念，舰船电子信息技术持续快速发展，在信息获取、信息战方面取得较大突破。

一、着力发展多域协同指挥控制技术

随着多域作战概念逐步实现，有人/无人协同战术逐步成熟，2021年国外舰载多域指挥控制与协同技术应用加速发展，以支撑相关概念和战术实施。

（一）推进多域指挥控制系统研发

美国海军推动建设"对位压制工程"。8月，美国海军在夏威夷太平洋地区网络作战中心（PRNOC）部署首个"软件兵工厂"，推动"对位压制工程"（Project Overmatch）建设。该工程将打造"网络之网络"（NON），"缝合"现有多域探测、指挥控制、通信等"花园围墙"式网络，提升网络数据传输弹性，计划2023年部署"罗斯福"号航母打击群。

加拿大启动研发"海上多域控制系统"。3月，加拿大伟尔海洋工程公司与康斯伯格地理空间公司、4D 机器人公司、西柏特公司签订合同，启动研发"海上多域控制系统"（MMDCS）。该系统将使舰载控制站能够同时操控空中、水面、水下多个无人系统，从而利用无人系统为舰艇提供多域态势感知信息，提高其威胁评估与交战能力。

（二）多项协同目标指示技术完成演示验证

美国海军演示验证无人系统-水面舰协同目标指示技术。4 月，美国海军"约翰·芬恩"号驱逐舰（DDG-113）在"无人系统综合战斗问题 21"演习期间利用无人水面艇、无人机等平台的目标指示信息，发射"标准"-6 导弹，成功命中 400 千米外的水面目标。此外，"普雷斯顿"号巡洋舰（CG-59）通过 MQ-9B"海上卫士"无人机提供的声纳浮标探测信息完成超视距目标指示。

美荷完成演示验证水面舰协同弹道导弹防御技术。5 月，在"强大盾牌"演习期间，荷兰海军"普罗文森"号护卫舰装备的 SMART-L 多任务雷达探测到弹道导弹目标后，将目标跟踪数据上传至北约通信网络，美国海军"保罗·伊格内修斯"号驱逐舰（DDG-117）据此发射"标准"-3 拦截弹，成功拦截弹道导弹目标。

俄罗斯海军演示验证岸舰协同反舰技术。10 月，俄罗斯海军 22350 型护卫舰"戈尔什科夫海军上将"号在北极演习期间，将其雷达、电子侦察系统探测到的水面目标信息发送至部署在弗朗兹约瑟夫地群岛的"堡垒"岸基导弹系统，后者根据这些信息发射"缟玛瑙"反舰导弹摧毁靶舰。

二、稳步推进舰载雷达技术发展

为更高效、准确地探测目标信息，2021 年国外开展雷达协同探测技术试验验证，加紧新型雷达研制部署，探索新用法。

（一）美国海军加紧测试雷达协同探测技术

美国海军开展"灵活分布式阵列雷达"地面试验，并演示验证网络协同雷达技术。7月，美国海军完成"灵活分布式阵列雷达"首轮外场试验。该雷达由海军研究实验室和雷声公司联合研制，采用了阵元级数字波束形成、网络协同、精确时间同步等技术，兼具探测、通信、电子战等功能，还可实现多基地协同探测，进一步扩大探测范围。11月，美国海军研究局联合雷声公司演示验证网络协同雷达技术。这项技术能够对特定区域生成更全面的目标图像，共同识别、跟踪威胁目标，可通过软件升级迅速应用于SPY-6雷达，提升美国海军电磁机动作战能力，支撑构建分布式探测网络，落实"分布式海上作战"概念。

（二）舰载有源相控阵雷达技术发展成熟

澳大利亚新型相控阵雷达具备初始作战能力。8月，澳大利亚海军"安扎克"级护卫舰换装的CEAFAR-2L新型相控阵雷达具备初始作战能力。该雷达是由CEA技术公司、萨伯集团澳大利亚公司、BAE系统公司联合研制的六面阵L波段有源相控阵雷达，用于替代SPS-49（V）8二坐标对空警戒雷达，对空目标探测、分类、识别能力更强，将作为CEAFAR-1S雷达的补充，提升"安扎克"级护卫舰的反舰导弹防御能力。

德国推出"方穹"舰载雷达。9月，亨索尔特公司推出其最新研制的"方穹"（Quadome）舰载目标捕获与监视雷达。该雷达工作在C波段，采用氮化镓有源相控阵技术，具备三坐标对空探测能力，能够快速捕获并跟踪小型目标，可装备轻型护卫舰、巡逻舰、支援舰等。

法国"海火"数字化雷达通过验收。10月，"海火"数字化雷达通过法国武器装备总署（DGA）验收测试，将交付海军装备集团，列装FDI护卫舰。该雷达是泰勒斯公司研制的四面阵 S 波段有源相控阵雷达,能够在恶劣环境下同时搜索空中、水面目标,搜索范围达数百平方千米,搜索仰角达到 90°,刷新速度超快。

(三) 英国海军探索利用导航雷达探测水深

英国海军测试雷达水深测量技术。3 月,英国海军"喜鹊"号测量船在普利茅斯湾测试了新型雷达水深测量技术。该技术由国家海洋中心和国防科技实验室联合开发,通过分析制式 X 波段导航雷达获得的海杂波图,能够在数小时内生成水深剖面图和洋流图,无须船舶航行到被测水域上方。目前,这项技术的测深精度仍不如声纳,且仅适用于近岸水域,但其探测范围较大,可用于两栖登陆作战、自然灾害防治等需要对水深进行快速测量评估的场景。

三、持续推动声纳技术进步

水下对抗越来越受到各国重视,2021 年新型声纳技术层出,人工智能等先进技术被用于声纳数据处理,以提高声纳探测能力。

美国积极研发前沿声纳技术。2 月,美国斯坦福大学利用光声效应原理研制出一种新型机载声纳原理样机,验证了对水下目标的二维成像能力。这种声纳探测灵敏度高、系统紧凑,可用于绘制海床图,探测水雷、潜艇等水下目标。相关技术成熟后,可为航空探潜提供更加便捷、高效的手段,并有望加速反潜无人机的发展。8 月,美国查尔斯里弗分析公司分别为无人潜航器和无人水面艇开发了 AutoTRap Onboard 智能识别软件和 Awarion 智能监视系统。AutoTRap Onboard 软件利用深度学习技术处理声纳数据,实时定位和分类目标,可用于无人潜航器自动识别水雷等。目前该软件已在 Teledyne

公司的 Gavia 系列无人潜航器上测试、部署，且可与其他无人潜航器、声纳系统兼容。Awarion 智能监视系统由光电/红外传感器和处理软件组成，利用人工智能和计算机视觉实现自主监视，可用于无人水面艇。该系统的光电/红外传感器分辨率高，可提供更多的目标细节。

  英国推动先进图像处理技术和避碰技术发展。3 月，英国约克大学的研究人员将深度学习用于前视声纳的图像处理，以提高运动估算精度。首先用声纳模拟器生成的图像训练深度学习网络，再利用网络处理声纳图像数据，得到两帧声纳图像间运动的估算值，供潜航器导航算法使用。试验表明，该网络可将两帧连续声纳图像之间的平移运动估算精度提高到毫米级，对旋转运动的估算精度优于 $0.1°$，有效提高导航精度。11 月，在英国国防与安全加速器计划支持下，英国达因声纳公司与波前公司合作，演示了用于超大型无人潜航器的"警戒"水下避碰和导航系统。用于演示的超大型无人潜航器由 MSubs 公司建造，长 9 米，艏部安装"警戒"系统的发射和接收换能器。"警戒"系统可自动探测水中物体，及时预警可能的碰撞或搁浅。该系统有两种运行模式：一是三维模式，可对深度 0~600 米的水体进行三维水深测量，对深度 0~100 米的水体生成颜色编码的深度图像；二是声纳模式，根据目标回波强度测距，对行进路线上的障碍物预警。

  法国和日本联合开发新的声纳技术。3 月，法国武器装备总署和日本采购技术与后勤局签署国防合作协议，并就第二阶段合作项目达成一致。其中包括泰勒斯公司和三菱重工公司联合开发双频声纳样机。该声纳计划搭载于自主潜航器，用于水雷对抗，其中 OZZ–5 自主潜航器和低频合成孔径声纳由三菱重工公司提供，高频合成孔径声纳 SAMDIS 由泰勒斯公司提供。研发工作预计历时 5 年，将高频和低频声纳集成于 OZZ–5，构建一个独特的水雷对抗系统，能够探测、分类和定位所有类型的水雷。

综合动向分析

德国利用人工智能技术促进声纳技术发展。11月,德国人工智能研究中心启动了"深度感知"项目,计划利用人工智能技术改善水下机器人环境感知能力。该项目计划采用互感学习概念,以低分辨率的声纳数据和高分辨率的摄像头数据分别作为输入和输出,训练人工神经网络。训练后的算法仅利用低分辨率的声纳数据即可生成高分辨率的图像,供操作人员分析解读,提升浑浊水域等恶劣条件下的环境感知能力。

四、多项电子战技术取得突破

为削弱对手在海战场获取信息的能力,2021年各国加紧舰载电子战技术发展,推动新型电子战装备应用,加大电磁战技术研发投资。

(一)多型先进电子战装备完成研制与技术演示验证

美国海军增程型先进反辐射导弹完成技术研发开始低速生产。4月,美国海军AGM-88G增程型先进反辐射导弹(AARGM-ER)完成外挂在F/A-18E/F"超级大黄蜂"舰载战斗机上的飞行试验。7月,美国海军在加利福尼亚南部海岸附近的穆古海上靶场,完成了从F/A-18E/F"超级大黄蜂"战斗机上发射增程型先进反辐射导弹的试验。此次试验是增程型先进反辐射导弹的首次实弹射击试验,成功展示了该导弹新设计的远程攻击能力。9月,美国海军授予诺斯罗普·格鲁曼公司4123万美元合同,启动增程型先进反辐射导弹小批量生产工作,计划生产16枚全备弹、6枚训练弹、4套通用弹药自检再编程设备(CMBRE)接口装置、配套备件以及其他保障物品。

美国海军完成机载电子防护吊舱技术改进。4月,美国海军航空系统司令部宣布,其下属的海军空战中心飞机分部(NAWCAD)完成了新型射频对抗（RFCM）吊舱的适航试验，未来将配备 P-8A 海上多任务飞机，使其能够有效防御对手的导弹攻击。新型射频对抗吊舱集成了 AN/ALE-55 光纤拖曳式诱饵（FOTD），吊舱壳体以 AGM-84 "鱼叉"反舰导弹的外壳为基础，针对光纤拖曳式诱饵进行了适配性改进。

美国海军陆战队"无畏虎"Ⅱ电子战装备完成机载集成测试。6月，美国海军陆战队最新的"无畏虎"Ⅱ（ITⅡ）（V）4电子战有效载荷在 MV-22B "鱼鹰"倾转旋翼机上完成试飞。"无畏虎"Ⅱ是一种精确按需电子战武器系统，旨在为海军陆战队固定翼飞机和旋转翼飞机提供一种分布式、网络化的电子战有效载荷，由驾驶舱或地面操作员控制。

美国海军"下一代干扰机"中频段吊舱转入低速生成。7月，美国海军航空系统司令部授予雷声公司约1.7亿美元合同，采购首批3套"下一代干扰机"中频段吊舱（NGJ-MB）成套设备及相关备件，用于作战测试程序开发和获取相关技术数据。

（二）诱饵技术取得突破

美国海军舷外电子战技术完成研发。9月，美国海军海上系统司令部授予洛克希德·马丁公司1780万美元合同，启动 AN/ALQ-248 "先进舷外电子战"（AOEW）系统小批量生产工作，标志着该项目正式通过"里程碑C"决策。"先进舷外电子战"系统是独立的舱式电子战系统，由 MH-60R 或 MH-60S 直升机搭载，旨在利用协同技术为美国海军水面舰提供反舰导弹探测和干扰能力。该系统可在"电子战管理系统"的控制下，执行电子侦察、有源干扰等任务，并配合舰载电子战系统、诱饵系统共同应对先进反舰武器，给舷外电子战诱饵带来新能力，增强软杀伤防御水平。

印度研发出先进箔条技术。4月，印度国防研发组织宣布已开发出一种先进箔条技术，可保护海军舰艇免受敌方导弹攻击。国防研发组织下属的焦特布尔国防实验室为该关键技术研发了三种改型，分别是短程箔条火箭弹、中程箔条火箭弹和远程箔条火箭弹，均顺利通过印度海军测试。

（三）电磁战技术研发启动

4月，美国海军陆战队宣布将在未来5年内投资约10亿美元，从4个方面开发未来电磁战系统：一是能适应各种环境、与搭载平台无关，且能扩展到多个机载或地面系统；二是开发能广泛分布和可扩展的系统，如可混合使用个人、车载、手持多种选项，在各作战单元及系统中使用各种高功率和低功率系统等；三是能在敌人控制范围内或武器交战区作战，并按作战需求提供功能；四是具备远程控制系统的能力，能够联网并相互支持，可共享数据，从而提供更好的频谱态势感知图。9月，美国海军开始为水面舰艇装备电磁战反无人机系统。该系统由诺斯罗普·格鲁曼公司研发，采用已在阿富汗战场验证过的电磁战限制无人机访问技术（DRAKE）来干扰无人机控制信号。

五、积极探索新型通信、导航技术

美国海军探索研究5G通信技术应用。9月，美国电话电报公司与美国海军研究生院签署为期三年的联合研发协议，将支持以5G为重点的设施建设和实验，包括人工智能、机器人、物联网、机器学习、数据分析和智能仓储技术方案。其中，"海陆空军事研究"计划探索5G通信和边缘计算技术在海战领域的应用。

法国推出新型惯性导航系统。6月，2021年特种部队装备展期间，赛峰集团电子与防务公司推出新型"吉欧尼克斯"－M惯性导航系统，主要用于救援快艇、登陆艇、两栖车辆。该系统采用晶体半球谐振陀螺技术，装备性能和集成度显著增强,成本显著降低。11 月,泰勒斯公司联合 CS 集团为法国海军水面舰艇研制新型惯性导航系统,该系统主要由泰勒斯公司 TopAxyz 惯性测量单元、CS 集团实时计算机构成,在电磁对抗环境下仍可保持定位导航精度。

美国海军探索新型冰下定位技术。9 月,美国海军研究局举办"全球-X"挑战赛,探索高纬度地区(极地)定位导航技术方案。美国、英国、芬兰、日本组成的研究团队将在 9 个月内验证宇宙 μ 子射线定位技术。这项技术利用 μ 子能够以光速穿透障碍物的性质,在水面布置多个 μ 子探测器,以便水下平台通过计算 μ 子的到达时间差进行定位。样机在英国完成初步测试后,将送至芬兰北极湖地区,在厚度达 1 米的冰层下进一步开展试验。

(中国船舶集团第七一四研究所　张旭　王晓静　周智伟)

2021年舰船动力能源技术发展综合分析

2021年，国外海军舰船动力能源技术持续进步，主要体现在：俄罗斯逐步完善舰用燃气轮机生产能力，罗尔斯·罗伊斯公司自动化系统开始用于舰用发动机监控与维护，韩国计划开发用于船舶推进和浮动核电站的熔盐堆，瑞典ABB公司推出高性能舰艇中压直流断路器，美国海军研发出新型推进轴扫描和检测技术。

一、大功率舰用发动机持续改进

2021年，舰船用大功率发动机技术平稳发展，多国研制、投产新型大功率发动机，并采用先进信息技术优化发动机维护。

（一）英国海军推进舰艇动力系统升级改造

英国海军为其23型"蒙特罗斯"号护卫舰更换柴油发电机组，此次维护升级共包含舱室设备拆除、甲板维护等500多个子项目，全部工作预计耗时11周。上述工作是23型护卫舰"发电与机械控制系统升级"计划的一部分，通过更换柴油发电机组和600/440伏电力转换设备、改装配电盘、升级机械监控系统和系统集成,将其寿期延长至 21 世纪 30 年代中期。

(二)俄罗斯致力于突破国外舰用燃气轮机封锁

8 月,俄罗斯技术国家公司向北方造船厂交付 1 套 M55R 型柴－燃动力装置,包括 1 台 27500 马力(1 马力 =735.5 瓦)M90FR 燃气轮机动和 1 台 5200 马力 10D49 柴油发动机,2 台发动机可独立运行,已通过质量和可靠性测试。俄罗斯技术国家公司表示,未来 M55R 动力装置将逐步取代俄罗斯护卫舰上的进口发动机,计划装备 6 艘 22350 型护卫舰。

(三)德国曼恩动力公司高性能高速柴油机投产

4 月,德国曼恩动力公司 20V175D 系列柴油机投产,预计 2022 年一季度投入使用。20V175D 系列柴油机具有效率高、可靠性高、使用成本低、维护简单、功率密度高等优点,分为重型与中型两种型号,输出功率可达 3700 千瓦。

曼恩动力公司于 2015 年开始研发 12 缸柴油机,该型柴油机已累计运行 30000 小时;12 缸柴油机技术成熟后,又于 2019 年推出 16 缸柴油机,2020 年推出 20 缸柴油机,大幅提高了柴油机的额定功率。

(四)英国罗尔斯·罗伊斯公元 mtuNautIQ 系列船舶自动化系统开始用于舰用发动机监控与维护

9 月,英国罗尔斯·罗伊斯公司在伦敦军警防务展览会上公开展示了 mtuNautIQ 系列船舶自动化系统,其中 mtuNautIQ Foresight 设备健康管理系统可监测控制系统、推进系统的运行状态,通过数据采集与分析在设备出现故障前进行预测性维护,提高船舶运行效率,降低燃料消耗与污染物排放;mtuNautIQ Bridge 和 mtuNautIQGenoline NG 系统可确保舰艇发电设备处于最佳运行状态。

mtuNautIQ 系列系统整合了罗尔斯·罗伊斯公司旗下动力设备供应商

MTU 公司和船舶自动化技术公司 Servowatch 的技术优势，适用于不同吨位的新建和在役军舰。

二、核动力技术持续发展，浮动核电站技术取得进步

2021 年，美、俄两大军事强国大力推动舰艇用核动力技术发展，韩国开始发展舰艇用核动力技术。

（一）美国海军持续推进舰艇核动力技术研发与核废料处理

2021 年，美国海军积极推进"核动力推进计划"，为"福特"级航空母舰、"哥伦比亚"级潜艇等研发反应堆、核燃料与核动力组件，并提高核废料处理能力。

在研发方面，美国海军授予 BWX 技术公司 1 份总价约 22 亿美元的合同，在 8 年内为美国海军"哥伦比亚"级与"弗吉尼亚"级核潜艇研发核反应堆与核燃料，相关工作将在田纳西州展开；授予伯克德公司一份价值 2.52 亿美元的核动力组件研发合同。设备采购方面，美国海军授予柯蒂斯-莱特公司总价 1.3 亿美元的核动力组件采购合同，根据合同内容，供应商将为"弗吉尼亚"级核潜艇、"哥伦比亚"级核潜艇、"福特"级核动力航空母舰的动力系统提供阀门、冷却泵、仪表与先进控制系统。此外，罗尔斯·罗伊斯公司将向美国海军提供 7 套"弗吉尼亚"级核潜艇推进器组件及工程服务。

在核废料处理方面，美国海军汉福德核废料处理和固化厂已完成设施建设、审查与测试工作，正式进入调试阶段，预计该基地的低放废物直接处理系统将在 2023 年底前实现全天候运行。此外，美国海军完成爱达荷州能源部基地内乏燃料的干式存储，乏燃料运抵该基地后首先在水中冷却，

随后放入特制的混凝土罐,最终运抵基地储存室。根据美国海军与州政府签订的协议,2035 年后,美国海军每年向爱达荷州运送乏燃料的频率不得超过 20 次,总质量不得超过 10 吨。

(二)俄罗斯大力发展浮动核电站技术

2021 年,俄罗斯大力发展浮动核电站技术,一方面对现有浮动核电站进行优化以提升技术水平;另一方面规划新建多座浮动核电站,提升偏远地区的电力保障能力。

在技术方面,俄罗斯冰山中央设计局受阿夫里坎托夫设计局的委托,在"罗蒙诺索夫院士"号浮动核电站基础上进行优化设计,新设计方案将以 2 台 RITM–200M 反应堆替代 KLT–40C 反应堆,发电功率由 70 兆瓦提升至 100 兆瓦,单次装载核燃料的使用寿命为 10 年。与原型相比,优化设计将简化系统结构、降低操作人员数量、提高设备使用寿命,全部工作预计 2023 年内完成。

在部署应用方面,俄罗斯原子能国家公司计划在 2026 年底前新建 4 座浮动核电站,每座浮动核电站部署 2 台 RITM–200M 反应堆,计划为西伯利亚地区的采矿企业供电,其中 3 座同时投入运行,1 座用于换料、维护期间的轮换。

(三)韩国计划开发用于船舶推进和浮动核电站的熔盐堆

韩国原子能研究所与三星重工签署协议,计划合作开发用于船舶推进和浮动核电站的熔盐堆(MSR),相关工作包括小型模块化堆设计、性能验证、经济性评估等。熔盐堆运行稳定,可靠性高,换料周期超 20 年,可用于制氢,内部出现异常时,熔盐可迅速凝固,防止事故进一步扩展。

三、潜艇燃料电池 AIP 与锂离子电池技术进一步拓展应用

2021 年,印度、韩国大力推进潜艇燃料电池 AIP 技术发展,以期提高本国潜艇动力性能,追赶军事强国脚步。

(一)印度大力发展潜艇 AIP 系统

2021 年印度大力发展潜艇 AIP 系统。3 月,国产 AIP 系统成功通过岸基测试,具备实用化水平;7 月,国防部发布总价约 53 亿美元的 P–75I 项目招标书,计划与国外厂商合作在印度本土建造 6 艘 AIP 潜艇。

印度国产 AIP 系统由海军材料研究实验室等机构研发,额定功率 270 千瓦,采用磷酸电解质,以硼氢化钠储氢,高压液化储氧,具备较强的杂质耐受性。此次岸基测试为期 16 天,包括 14 天的续航能力测试和 2 天的全功率测试,表明该系统已达到实用化水平。印度海军表示,国产 AIP 系统将在 2024—2025 年开始陆续装备"虎鲨"级潜艇。

印度国防部披露的信息显示,参与 P–75I 项目竞标的包括印度马扎冈船厂、拿丁集团,俄罗斯红宝石设计局阿穆尔 1650 潜艇方案、法国舰艇装备集团"鲉鱼"2000 方案、西班牙纳梵蒂亚集团 S–80 方案、德国蒂森克虏伯海事系统公司 214 型潜艇方案、韩国大宇造船海洋工程公司 KSS–Ⅲ潜艇方案。印度国防部要求国外原始设备制造商提供 AIP 系统等关键技术,协助印度提高潜艇设计和建造能力,并为这批潜艇建造本土生产线,最终使印度同时拥有先进的 AIP 潜艇、相应的工业能力与先进技术。

(二)韩国同步推进潜艇锂离子电池与燃料电池 AIP 技术

2021 年,韩国同步发展潜艇锂离子电池与燃料电池技术。6 月,韩华公司在 MADEX 2021 防务展上展示了潜艇锂离子电池技术,并计划在 2022

年开展岸基测试；11月，大宇造船海洋工程公司交付用于潜艇燃料电池的甲醇-水蒸气重整设备。

韩华公司潜艇锂离子电池技术将应用于"张保皋"-Ⅲ级第二批柴电潜艇，电池模组由192个电池单体组成，额定容量120安·时、储能量84.7千瓦·时、能量密度201瓦·时/升，计划在潜艇前部底舱与后部底舱各安装一半。预计锂离子电池可将潜艇的高速巡航能力提高3倍，经济巡航能力提高1.6倍，水下航行时间提高2倍，并大幅延长动力系统的寿命。

韩华公司表示，潜艇锂离子电池将采用商用现货，与日本和欧洲的同类产品相比具备成本优势。在安全性方面，电池产品已通过高温、外部冲击、短路、海水浸泡等测试。未来韩华公司还计划与韩国电子技术研究所、国防发展局等机构合作，分析锂电池火灾事故数据，优化电池设计。预计潜艇锂离子电池将在2022年进行岸基测试，2027年部署到"张保皋"-Ⅲ级第二批柴电潜艇首艇。

在燃料电池技术方面，大宇造船海洋工程公司向韩国国防发展局交付用于潜艇燃料电池的甲醇-水蒸气重整设备。该设备满足韩国国防发展局需求，正在首尔环保燃料陆基试验场内接受测试。潜艇燃料电池所用的氢气一般储存在金属储氢瓶中，效率低，占用艇内空间，需要充氢辅助设备、充氢耗时长。甲醇-水蒸气重整设备经催化转化、变压吸附分离工序，可使用甲醇与水生成高纯度氢气，空间利用率高，操作简单，无须特制的充氢设备，将提升潜艇的作战性能。

四、水面舰艇电力系统技术取得重要突破

2021年，国外舰船储能技术取得较大进展，有望短期内得到应用，电

综合动向分析

机技术平稳发展。

（一）瑞典推出高性能舰艇中压直流断路器

2021年6月，瑞典ABB公司提出一种适用于舰艇中压直流电网的高性能5千安/1千伏固态直流断路器，该断路器共有3条支路，每条支路由集成门极换向晶闸管与金属氧化物限压器并联，理论上可分断15千安的短路电流，系统温度为90℃时可分断12.4千安的短路电流，使用寿命超10000次。

（二）舰艇能量仓技术成熟度不断提升

2021年，美国海军持续推进舰艇能量仓技术研发。9月，水面战中心提出一种用于舰艇能量仓的能量管理策略，12月，美国海军联合多家供应商，对用于舰艇能量仓样机的锂离子电池开展全功率测试，表明舰艇能量仓技术成熟度不断提升。

在舰艇能力管理策略的研发过程中，水面战中心的研究人员引入供电优先级计算模块概念，根据能量仓状态信息和优先级权重信息确定当前的供电优先级。当舰艇发电系统输出功率不足时，能量管理策略依据优先级计算模块的输出结果，调整能量仓的输出功率；同时，传感器将能量仓状态信息反馈给优先级计算模块，对供电优先级进行动态调整，始终保证优先级较高负载的供电可靠性。仿真结果表明，在辅助发电机停机和发电机输出功率不足的工况下，所提能量管理策略均能满足关键用电设备的电力需求，可显著提升舰艇电网的灵活性与供电可靠性。

能量仓样机锂离子电池全功率测试由美国海军、美国EaglePicher公司、意大利莱昂纳多公司共同开展。测试使用了1个装配多个电池模组的电池柜，共包括2个环节。环节1中电池模组在2小时内完成10次充放电循环；环节2进行了4次满充满放循环，验证了锂离子电池的充放电性能。

（三）舰船集装箱储能技术向实用化迈进

舰船集装箱式储能系统是一种高度集成的紧凑型储能系统，具有灵活、可靠、环境适应性强等优点，可与舰上电力系统相集成，为高能耗装备供电。2021年挪威、瑞典、丹麦等国家相继推出舰船集装箱储能系统，表明这项技术正在快速投入使用。

1月，挪威Corvus能源公司推出Corvus BOB系列舰船集装箱储能系统。Corvus BOB系列产品有长3米和6米两种规格，均配有独立的电池模块、电池管理系统、高压交流配电系统、消防系统，可与不同厂商的船舶电源管理系统集成。Corvus BOB系列船用集装箱储能系统电磁兼容性能优异，符合国际电工委员会 IEC 61000-4、IEC 60945-9 和 CISPR16-2-1 标准。此外，该系列产品具备较高的安全性，防火等级达到A60，绝热材料能保证在一侧60分钟的火烧下，另一侧温度不超过150℃，还配有电池被动热失控保护装置、过温和过压保护装置、急停电路、短路保护装置、集成式接地故障检测设备等。

9月，瑞典ABB公司推出舰船集装箱储能系统，该系统将锂离子电池、变换器、变压器、控制系统、冷却系统、辅助设备集成在独立单元中，系统易于与舰船子系统集成，可安装于舰船甲板上，快速接入舰船主配网，实现"即插即用"，还可根据需求对配电系统和电池容量进行改装。此外，ABB集装箱储能系统还可通过 ABB Ability™ 海上远程系统对电池和变换器进行状态监测、故障诊断和运行数据采集。该型集装箱储能系统作用：一是为舰船电网"削峰填谷"，降低舰船燃料消耗，提高发电机组寿命；二是提高系统动态性能，在负载功率快速波动时充放电，从而为燃料电池等难以快速响应负载功率变化的电源应用于舰船动力系统创造条件；三是作备用电源，提高舰船电网的可靠性，便于发电机维修。

11月，挪威斯塔特（STADT）公司与丹麦SH防务（SH Defense）集团签署了技术合作协议，计划将后者"立方体"集装箱储能系统集成至前者研发的Lean船舶推进系统。SH防务集团"立方体"系统可在4小时内完成安装，并可按需定制。根据两家公司公布的资料细节，斯塔特公司计划将电池集装箱储能系统接入舰船电网的交流母线，向推进电机提供电能，除电池集装箱储能系统外，还将考虑集成燃料电池、柴油发电机组等。

（四）舰艇推进电机技术持续进步

2021年，美欧等海军技术强国持续发展舰艇推进电机技术，在高温超导电机、永磁同步电机、先进感应电机领域均取得进展。

在高温超导电机领域，英国帝国理工学院的研究人员比较和分析了采用稀土钡铜氧化物和二硼化镁材料作为定子绕组的两种高温超导电机的性能。提出在考虑安装冷却系统情况下，稀土钡铜氧化物定子绕组的交流损耗较大；不考虑安装冷却系统情况下，稀土钡铜氧化物定子绕组电机功率密度更高，可达44.2千瓦/千克。

在永磁同步电机领域，法国海军学院对用于舰艇推进系统的四相、低速永磁同步电机进行了优化设计，提出一种4个线圈串联一相的设计方案，效率可达95%，并降低了电机成本。

在先进感应电机领域，美国海军研究局资助康涅狄格大学研发出一种用于先进感应电机定子绝缘的二维纳米结构材料。与传统云母绝缘材料相比，二维纳米结构材料具有的优势：一是介电强度高达4千伏/毫米，约为传统材料的1.5倍；二是可靠性高，使用寿命长，可通过400小时的耐久性试验（相当于正常工作30年）；三是导热性能好，约为传统材料的2.8倍。研究表明，过高的定子绕组温度是限制电机输出功率重要因素，二维纳米结构材料可将先进感应电机的转矩密度提升14%。

五、先进推进器技术不断进步

为进一步提高平台动力能力,2021年多国推出了新型推进器研究项目,计划利用新的推进技术提高平台作战能力。

(一)吊舱式推进器技术持续进步

4月,美国通用电气公司电能转换事业部(GE Power Conversion)通过系统优化设计和新型先进感应电机技术,将SeaJet VRK系列吊舱式推进器的燃油效率提升7%,同时提高了系统的可靠性,降低了维护成本、占地面积、安装时间和成本。

SeaJetVRK吊舱式推进器将电机直接与机械推进装置相连,空间利用率高、易于操控、污染排放低。SeaJet VRK系列吊舱式推进器具备的技术特点:一是采用了模块化设计,吊舱由辅助设备模块、转向模块和推进模块构成;二是对感应电机进行了简化设计,增大了电机气隙,降低了故障率与噪声,可适应低温等恶劣海况;三是采用了MV7000 PWM型先进变频器,可在不同转速条件下对电机进行高效灵活控制,还可将再生制动能量回馈舰艇电网,系统效率高达99%;四是系统兼容性好,可适配交流配电网和采用储能系统的直流配电网,可与其他用电设备共用直流母线,降低系统的设备采购成本与占地面积;五是采用了先进的轴承技术,采用独立的润滑系统和冷却系统,无须外部辅助设施即可长时间可靠运行。

8月,ABB公司推出了一款名为ABB Ability™ OptimE的全自动船舶软件工具集,用于优化ABB Azipod®吊舱式推进器的前束角。Ability™ OptimE软件根据相操作指令和环境条件动态优化吊舱式推进器的前束角,以提高能源效率并减少排放。该软件具有的优势:一是节能效果好,可节省1.5%

的燃料消耗；二是自动化程度高，不需要操作人员掌握特殊技能；三是可适配新建和在用的所有 Azipod® 系列吊舱式推进器。

（二）法国采用 3D 打印技术制造螺旋桨

1 月，法国舰艇装备集团与南特高等商学院合作，利用金属丝熔融沉积工艺制备出新型螺旋桨，并首次安装于现役"仙女座"号猎雷舰，在实现结构减重的同时提高推进效率和隐身性。3D 打印螺旋桨长 2.5 米，由 5 个质量 200 千克的叶片组成，是世界上最大的金属 3D 打印推进器。螺旋桨已通过法国舰船装备集团和法国船级社的技术验证，并完成法国海军的试验与海试。

（三）美国海军研发出新型推进轴扫描和检测技术

3 月，美国海军水面战中心卡迪洛克分部历时 13 年，研发出舰艇推进轴锥度分析验证评估（STAVE）系统。传统检测系统通常使用包含支架和索具的锥度量规，质量超过 900 千克，检测效率较低。STAVE 系统与传统检测系统相比，其仅采用结构光照射推进轴，将相关位置和深度等扫描结果反映到表面，无须安装和使用支架和索具，从而降低检测工时和成本，并提高了锥度一致性。截至目前，STAVE 系统已用于朴茨茅斯海军船厂和诺福克海军船厂，并计划用于航空母舰转向舵锥度检测。

六、无人平台动力与能源技术快速发展

2021 年，美国海军无人潜航器燃料电池技术取得进展，推出新型底栖微生物燃料电池技术和燃料加注技术，并计划为无人平台开发电力推进技术。

（一）美国无人潜航器燃料电池技术取得进展

4 月，美国海军信息战中心太平洋分部的研究人员研发出一种新型底栖

微生物燃料电池,该燃料电池采用海底沉积物中的细菌氧化有机物产生直流电。为解决底栖微生物燃料电池内部电阻与细菌电极之间的距离较大,导致电池功率密度较低的技术难题,研究人员做出优化设计,在底栖微生物燃料电池石英芯片上制造了分层微流体弹性体,将细菌限制在距电极 90 微米的范围内,将输出功率大幅提升至 48 毫瓦/米^2。

8 月,美国海军设施工程和远征作战中心发明了一种加压容器内的水电解系统,可为无人潜航器的燃料电池补充燃料。该系统可在加压状态下同时制备氢气和氧气,并与无人潜航器的氢氧燃料电池集成,构成再生型燃料电池。还可通过无人潜航器外部的电气接口直接进行燃料补给,避免了储氢导致的安全隐患。

(二)美国大力发展无人平台电力推进技术

2 月,美国海军向供应商征求符合效率、寿命、噪声指标的无人水面艇发电系统方案。官方文件显示,无人艇发电系统应能满足不同吨位无人艇的推进、传感器、任务载荷和日用电需求,并实现持续可靠运行。美国海军设想了两种无人艇先进发电系统:一种是为小型无人艇研发功率等级为 25～250 千瓦的小型发电系统;另一种是为中大型无人舰艇研发功率等级为 250～2500 千瓦的大型发电系统。

8 月,美国通用原子电磁系统公司获得美国海军研究局研发合同,为大排量无人潜航器研发推进电机和下一代电力系统,并进行集成。截至目前,该公司的电机和电力系统分别通过了实验室实验和水下试验,集成了推进电机和电力系统的大排量无人潜航器将在项目后期阶段进行海试。

(中国船舶集团第七一四研究所　周宏达)

2021年海战前沿科技发展综合分析

2021年,在海战领域科技竞争日趋激烈的背景下,相关前沿技术发展更加令人瞩目。主要海军强国纷纷出台相关战略规划文件,引领海战领域前沿技术发展,在先进制造、生物交叉、人工智能、自主无人系统等领域,启动了一批研制应用项目,取得了重要突破,有效拓展了海战技术的边界和海战装备的能力。

一、海战科技战略规划文件引领海战前沿技术创新发展

2021年,美国、英国、印度等国家基于战略需求,通过相关战略指导文件,明确未来海战领域需大力发展的前沿技术,如人工智能与自主技术、网络系统技术和高超声速武器技术等,并采取了相应的保障和促进措施引导海战前沿技术发展。

(一)美国《海军作战部长发展指南》强调发展前沿技术

1月,美国海军作战部长签发《海军作战部长发展指南》,强调加强前沿技术在海战中的运用。该指南主要聚焦三方面的前沿技术:一是部署广

域分布、持久运行的传感器、先进作战网络、远程高速武器等，使作战资源更加分散；二是利用人工智能和机器学习辅助决策，实现决策优势；三是加快推进无人系统在对抗性海域的部署，以低成本、有效的方式与对手竞争并取胜。

（二）美国《海军部战略指南》提出优先发展前沿技术

10月，美国海军部长签发《海军部战略指南：海军－海军陆战队一体化建设》，明确提出"至少一代人以来，美国首次面对一个实力相当的战略竞争对手"。该指南提出美国海军将加快推进技术变革，尤其是优先发展前沿技术，如人工智能、网络武器、无人平台、定向能和高超声速武器等，针对性强化两栖战能力、海上优势和信息优势，从而塑造未来战争，确保美军对"战略对手"的优势。

（三）英国出台一系列战略文件规划海军前沿技术发展方向

3月，英国政府、议会相继出台了一系列战略规划文件。英国政府发布的《综合评估报告》明确提出："英国将在前沿科技领域建立领先优势，成为科技超级大国。"英国防部公布题为《竞争时代的国防》的战略文件，计划在未来4年内投资66亿英镑用于国防研究和开发，重点关注人工智能、无人系统、定向能、高超声速武器等前沿技术。英国下议院发布《综合审查2021：国防新兴技术》报告，对网络战技术、人工智能与自主系统、定向能武器与空间前沿技术等进行了规划分析，提出将人工智能技术应用于反水雷、自主水下作战、数据分析处理等海战场领域。

（四）印度海军签署前沿技术开发备忘录

6月，印度海军与巴拉特电子有限公司签署了合作备忘录，将资助该公司开发与人工智能、量子计算和机器人相关的前沿技术。该备忘录还规定设立一个"技术孵化论坛"，其目标是促进海战武器与传感器、人工智能和机器学习、量子计算、自主平台/机器人、图像处理和认知无线电等海战前沿技术的发展。印度国防部将该论坛定位为"自力更生印度"倡议下，推动印度工业部门、学术界和初创企业合作，率先开发可部署装备产品的试点。

二、人工智能技术催生新型海战装备和作战样式

人工智能技术在海军 C^4ISR、无人系统、后勤维修等领域具有广泛应用前景，有望助力海军形成新质作战能力，获取新的军事优势。这类技术在海战领域渗透率不断提高，美国海军等主要海上力量竞相推动其在海战装备与系统中的应用。

（一）美国海军通过"对位压制工程"推进人工智能、机器学习技术

美军近年来不断加大对人工智能技术的经费支持，据美国国会研究部 2021 年的报告统计，美国国防部当前人工智能在研项目超过 600 个，2022 财年预算额约 8.74 亿美元。海军方面，2020 年底启动的"对位压制工程"（Project Overmatch）是高优先级项目之一。该计划旨在加速交付人工智能、机器学习及工具，从而使舰队能够分散化部署、实施大规模火力、整合无人舰艇，海军领导认为该计划能够在未来维持美国海军的海上优势。负责作战需求和能力的美国海军作战部副部长在 2021 年 1 月的活动中表示，"对位压制工程"将在 2023 年向"罗斯福"号航母打击群提供"可实现的最低限度的能力"，其中包括新的人工智能和机器学习作战工具。"对位压制工程"连接海军所有装备，并将人工智能和机器学习技术注入这些装备。"对位压制工程"一旦交付给航母打击群，海军就将加紧收集用户对开发人员的反馈，以便改进新能力的部署，并确保新工具集成到海军作战架构时的功能完好。

(二) 美国海军利用人工智能数据分析技术提升海上态势感知能力

2021年初,美国海军以小型企业创新研究(SBIR)形式发布招标文件,寻求利用人工智能技术进一步提升其海上战术指挥控制(MTC2)系统的态势感知能力。美国海军近年来在军事智能化发展方面频频发力,该项目是美国海军继"宙斯盾"作战系统、SQQ-89反潜战系统之后,又一项利用人工智能技术提升现役海上指挥控制系统能力的举措,希望以此减轻分析人员认知负担、提高任务效率、更及时地向决策者提供信息。

(三) 英国海军首次在海上使用人工智能强化反导作战

英国重视人工智能的发展,不仅在《综合评估报告》《竞争时代的国防》《国家人工智能战略》等战略文件中将人工智能作为提升未来国防能力的主要前沿技术,还通过开展军事演习等形式推动海战领域人工智能技术的开发应用。2021年5月至6月,英国派出3艘驱护舰参加北约"强大盾牌-2021"大规模海上反导演习。在为期3周的演习中,英国国防科技实验室研究人员和来自Roke、CGI和BAE系统公司的行业合作伙伴对人工智能程序"惊跳"(Startle)和"幽灵"(Sycoiea)进行了一系列测试。结果证明,"惊跳"可通过提供实时建议和警报,帮助减轻在操作室监控"空中画面"的水手的负担;"幽灵"可有效地帮助作战人员识别来袭导弹,并就使用最佳武器提出建议,以前所未有的速度提供决策建议。人工智能改进了致命威胁的早期检测,加快了交战时间表,并为海军指挥官提供了快速进行危险评估,以选择对抗和摧毁目标的最佳武器或措施。

三、先进制造技术为海军装备发展提供重要保障

先进制造技术是未来海战装备发展的基础保障。运用增材制造技术可以制造其他工艺方法无法完成的部件、独特地组合各种材料、快速制造原型,是实现国防系统创新和现代化、支撑战备的强大工具;远程操控焊接则可解决特殊环境下的焊接可达性问题,提高焊接效率;数字孪生技术助力海军实现基于状态的维修,提高装备的可用性。

(一)美国国防部发布首份综合性增材制造战略文件

1月,美国国防部长办公厅制造技术项目办公室发布首份综合性《增材制造战略》文件。该文件介绍了增材制造对国防战略改革的重要意义,描绘了推行增材制造战略的目标与愿景,针对增材制造的5个重点发展领域展开了详细阐述与路径规划,并提出了下一步工作的关键步骤,为增材制造技术这一改变游戏规则的前沿技术在国防部范围内的发展与应用构建了共同的愿景与路径。

(二)美国采用增材制造技术整体成形大型作战车辆车体

6月,美国陆军地面车辆系统中心宣布将建造世界上最大的金属3D打印机,用于生产净尺寸约为9米×6米×3.6米的整体无接缝作战车辆车体。该系统采用美国航空探针公司研发的增材搅拌摩擦沉积(MELD)技术,可实现大型复杂部件快速增材制造。这一技术既保持了适用于任何复杂构件生产制造的优点,又克服传统增材制造沉积速度慢、制造周期长、零件无法批量生产制造的问题,可为舰船和海战武器装备全寿期内的设计、制造和维护提供支持。

(三) 远程操控焊接原型系统完成演示验证

5月，在美国海军支持下，美国爱迪生焊接研究所研发的远程操控焊接原型系统完成演示验证。该系统允许工人在远程位置操控现场焊接设备，进行清洁、安全焊接作业，有望颠覆现有焊接作业模式，有效突破恶劣环境及人工作业困难的特殊环境下的焊接瓶颈，缓解焊接工人短缺问题。远程操控焊接系统研发充分利用了数字化、智能化和机器人技术，可用于舰船复杂空间位置以及油罐和船底等黑暗危险区域的焊接，也可用于替代专用性遥控焊接设备，实现焊接提质降本增效。

(四) 数字孪生技术助力海军实现基于状态的维修

11月，美国海军启动了利用数字孪生技术实现基于状态的维修（CBM）项目，与美国船级社（ABS）合作，以"哈珀斯·费里"号两栖舰推进传动系统主要部件为试点，建立数据收集和预处理的最佳实践，建模并演示如何开发和实施数字孪生状态监测机制，该试点将为其他海军水面舰艇维护和保障指明方向。基于状态的维修方法可以快速了解评估当前和不断发展的设备状况，从而提供更快、更准确的异常检测与纠正、使用寿命预测、使用驱动的设备评估和性能风险管理。美国国防部较早就认识到，数字处理和数据科学是实现基于状态的维修战略的关键。数字孪生技术的出现，为CBM带来了一种高效的建立信任措施方法，它使虚拟模型能够从实际海军装备上的传感器获得实时数据，然后使用模拟、机器学习和推理来帮助预测该资产在其整个生命周期中的表现以及受硬件和操作变化的影响。

四、生物交叉前沿技术发展活跃，海战场应用前景愈发清晰

生物威胁已危及国家安全，不仅影响军队遂行任务的能力，甚至会削

弱战略威慑能力。2021 年，主要军事强国在生物交叉技术研究与应用方面取得大量的创新成果，生物启发的国防科学技术突破层出不穷，在海上态势感知、海战平台安全防护、水下机器人控制和海上装备能源供给等方面初步展露应用前景。

（一）生物传感技术可增强战略区域监视能力

DARPA "持久性水生生物传感器"（PALS）项目第二阶段已于 2021 年底结束。该项目于 2018 年 2 月公布，在项目第二阶段，研究小组聚焦开发探测系统，来观察、记录、解释生物的各种反应，并将分析结果作为警告发送到远程用户终端。最终，PALS 系统将能够区分目标和其他刺激源，如废弃物、其他海洋生物等，降低虚警率。资助研究团队开发新型传感器系统，用于探测和记录大石斑鱼等海洋生物的行为，并对其进行解释，以识别、表征和报告在战略水域作业的有人/无人潜航器。

（二）美国海军寻求开发仿生自主系统

美国海军正在从大自然中汲取灵感，寻求开发"仿生自主系统"，模仿或利用自然界生物的移动和行为方式来完成海军的任务。2021 年 5 月公布的《2022 财年预算申请》中，包含近 3000 万美元用于开发"仿生"技术，如开发可以移动、学习、融入周围环境并以多种方式感知环境的无人潜航器，类似于栖息在海洋中的生物。最值得注意的是，美国海军预算文件中概述的研究包含雄心勃勃的计划：开发可在空中和水下运行的仿生自主航行器，并在水－空介质之间实现跨域。美国海军仿生技术研究计划涉及仿生材料、用于废物能源转换的微生物电化学系统以及传感器开发。这些主要包括仿生水下导航、控制和"高级搜索行为"应用研究。此外，还有一些工作涉及将声纳系统"集成到仿生无人航行器中，使其能够在拥挤空间和危险环境中检测障碍物情况和避障"，进行应用研究，以"开发和评估基于侧线的智能传感和控制系统"。

（三）美国高校研制出新型防鲨鱼皮肤智能声学超材料

3月，美国南加州大学的研究人员受鲨鱼皮肤启发，研发出新型智能声学超材料，可控制声波的传播方式。传统声学超材料通常由金属或塑料制成，声学特性单一，难以对不同声波信号进行处理。为此，研究人员利用鲨鱼皮肤具有双重声学特性的原理，采用橡胶和铁纳米颗粒制备出智能声学超材料，通过控制磁场可改变声波的传播方式。橡胶易于弯曲和拉伸，铁纳米颗粒可响应磁场变化，因此由该声学超材料构成的柱状阵列通过分开或靠近即可实现声波的传播或阻断。该智能声学超材料尚处于实验室测试阶段，未来研究人员还将进行水下测试。

（四）生物热电联产技术可为海军灵活提供生物能源

5月，美国海军向位于田纳西州的Enexor生物能源公司授予了一份合同，将该军种产生的废弃物转化为可再生能源。该公司拥有可以将有机和塑料垃圾从垃圾填埋场转移出来，并将其转化为清洁的现场可再生能源的技术。这种转换系统被称为生物热电联产（Bio-CHP），采用模块化设计，被封装在一个20英尺的集装箱里，可以很容易地通过船只、卡车和货机运输，以便快速部署。该系统可灵活部署在废物所在的地方，从而节约成本、减少运输过程中的污染。该公司目前正在测试13种不同的垃圾转化配方，将垃圾转化为可再生能源。这些能源将首先用于为Enexor在田纳西州富兰克林的制造工厂供电，最终目标是将该公司的系统部署到海军设施。

五、自主无人系统技术催生新型海战装备和作战样式

自主无人系统技术应用范围不断拓展,正在推动海上装备体系变革。美国海军部相继发布了《无人作战框架》《智能自主系统科技战略》等战略文件,并成功完成"先进海军技术演习",综合运用各类有人/无人装备,探索创新海上战法,为其装备采办和作战概念发展提供实践依据。

(一) 美国海军连发战略文件推动自主无人舰艇进入舰队

3月16日,美国海军部发布了《无人作战框架》战略文件,文件宣称为应对中国、俄罗斯等强大对手的挑战,美国海军将打造无人系统与有人系统组成的"混合部队",未来美国海军舰队和陆战队航空兵力中分别有1/3和1/2由无人系统构成。7月2日,美国海军部又发布了"智能自主系统"(IAS)科技战略。该战略是海军"无人作战框架"战略的互补科技战略,重点关注智能自主系统,旨在融合自主性、无人系统和人工智能,使无人系统成为海军力量结构中可信赖和可持续的一部分。IAS科技战略主要分为三部分:首先概述了IAS武器相较于传统武器的关键优势;其次从美国海军IAS愿景、战略目标及影响入手,分析了当前美国海军IAS应用情况;最后就如何在未来成功应用IAS系统提出五方面举措建议。

(二) 美国海军举行大规模有人/无人系统协同作战演习

4月19日至26日,美国海军举行"无人系统综合作战问题21"(UxS IBP 21)军事演习,通过组建无人和有人编队的小型舰队,演练无人指挥控制、先进战术、技术与程序,为作战人员积累作战经验。舰队中无人系统包括"海上猎人"和"海鹰"两型中等排水量无人水面舰船,"瓦妮拉"

超长航时无人机、MQ－8B"火力侦察兵"无人直升机、MQ－9"海上卫士"无人机，Ocean Aero Triton 公司研制的水下与水上双模态自主潜航/飞行器，海军研究局负责的"超级蜂群项目"无人机。该演习将无人系统完全融入指挥控制任务中，体现了美国海军将进一步把无人系统纳入舰队训练与作战计划之中的决心。在这次演习中获得的经验教训，将推动美国海军范围内所有无人系统能力的整合。

（三）英国海军授出超大型无人潜航器合同

2月，英国国防科技实验室发布消息称，海军将征集用于"魔鬼鱼"超大型无人潜航器的新型传感器技术和有效载荷技术。3月，英国国防部发布声明，宣布第一份价值100万英镑的合同已经授予位于普利茅斯的 MSubs 公司，用于制造首艘测试艇，从而在未来试验尺寸更大的无人潜航器的潜能。该型超大型自动潜航器长约30米，续航时间最长可达3个月，可以在3000海里的范围内执行任务。超大型无人潜航器项目是英国海军快速样机研制能力的范例，从发布技术参数到样机下水只用14个月。通过简化外船壳以及使用先进发动机技术直接驱动主推进器，实现潜航性能的最大化。超大型无人潜航器特别适用于秘密情报收集，还能够感知敌方目标，并向基站传回数据，可作为未来反潜作战的重要装备。

（四）英国"人工轮机长"技术提升舰船长期自主航行能力

3月，英国罗尔斯·罗伊斯公司取得美国专利授权，并获得英国国防部资助，进一步研发和演示"人工轮机长"技术。"人工轮机长"利用人工智能技术操控无人舰船航行，可使海军无人舰船在较少干预的情况下自主制定航行规划、操控舰船、隔离故障，执行长航时任务。搭载"人工轮机长"的英国海军无人舰艇，将具备远距离自主航行能力，增强海军编队的远征运输补给能力。"人工轮机长"不仅可以用于水面舰船，也可用于无人潜航器,提高无人舰艇及其编队的长期自主航行能力,对于未来海上无人装备体系发展和海军分布式作战具有重要的推动作用。

六、结束语

前沿技术的飞速发展,使海军和海战领域面临一系列紧迫的风险,也带来了巨大的机会:人工智能可以改变海军指挥和控制的性质,同时增强作战人员对战斗的决策能力;自主水下航行器可能会广泛扩散,并构成广泛但无声的威胁;虚拟现实可以为训练作战人员和探索未来威胁环境提供新的途径和方法;舰载定向能武器性能稳步提升,可为舰艇提供更强大的防御手段。主要海军强国在海战领域前沿技术的发展,将巩固其在基础研究以及军事应用技术领域的长期整体优势。应高度关注外军海战领域前沿技术发展新动向,强化预警研判、加大投入,优化政策措施,在这一战略高地占据主动。

(中国船舶集团第七一四研究所　丁宏)

重要专题分析

美国海军 2021 版
《海军作战部长发展指南》解读

2021年1月，美国海军作战部长签发《海军作战部长发展指南》（以下简称《指南》）。《指南》以美国海军部 2020 年底发布的新版"海上三军"战略《海上优势：以一体化全域海上军事力量制胜》为总纲，以海上控制和力量投送为海军核心使命，将加强战备、提升能力、扩大规模、人员培训作为重点任务，指导海军未来 10 年发展建设。

一、发布背景

2016 年，美国海军作战部发布 1.0 版《维持海上优势》规划，明确以中国、俄罗斯为战略对手和作战对象；2017 年，美国海军作战部发布《未来海军》白皮书，正式将海军战略从"由海向陆"调整为"制海对陆并重"。为落实《未来海军》白皮书，美国海军作战部 2018 年对《维持海上优势》进行适应性调整，并发布 2.0 版本，提出了"加速装备采办、优化业务与兵力结构、加强合作"等举措，以支持特朗普政府的"大国竞争"

战略。

2020年底,美国海军部发布由海军作战部长、海军陆战队司令、海岸警卫队司令联合签发的新版"海上三军"战略《海上优势:以一体化全域海上军事力量制胜》。为推进该战略在海军层面的落地,美国海军作战部随后发布《海军作战部长发展指南》。《指南》将替代2.0版《维持海上优势》规划,进一步明确海军应对"大国竞争"的策略,以及调整优化军力建设和运用思路、装备技术发展重点。

二、主要内容

《指南》的正文内容包括前言、安全环境、应对策略、发展重点、结语五章。

(一)分析了安全环境

美国海军认为,中国、俄罗斯海上力量的快速发展,正在打破长期以来"自由、开放"的海上秩序,严重威胁美国及其盟友的海上利益。中国正将海军力量部署至全球,以控制重要航道,成为美国海军长期战略威胁;正持续建造现代化水面战舰、潜艇、航空母舰、两栖攻击舰和下一代战斗机;在火箭军支援下,中国海军、海警和海上民兵协同部署,在水下、太空以及信息域对美国及其盟友构成严重威胁。俄罗斯海军正在扩大全球行动的频次和范围,进一步靠近美国本土;正进行战略核力量现代化,加速发展潜艇、护卫舰、战斗机/轰炸机、高超声速导弹、战术核武器;正持续实施网络攻击。

(二)提出了应对"大国竞争"的策略

美国海军提出加快建设一支规模更大、作战能力更强的未来舰队;推进与海军陆战队、海岸警卫队整合，打造"一体化全域海上军事力量"；提出不同烈度的用兵思路。

加强新兴技术在海战中的运用。推动舰队现代化，利用新兴技术维持海上优势：一是部署广域分布、持久运行的传感器、先进作战网络、远程高速武器等，使作战资源更加分散；二是利用人工智能和机器学习辅助决策，实现决策优势；三是加快推进无人系统在争议海域的部署，以低成本、有效的方式与对手竞争并取胜。

强化海上控制和力量投送能力。海上控制的范围将扩展至太空、网络、电磁频谱等作战域，美国海军将提升与其他军兵种联合实施全域海上控制的能力。同时，持续强化力量投送能力，遏制侵略并以较低代价化解危机，具体包括从水下、水面、空中发射大量常规武器，利用信息战、网络战和特种作战等力量，为美国及其盟友提供可靠保障。

构建一体化全域海上军事力量。加快推进与海军陆战队、海岸警卫队整合，构建"一体化全域海上军事力量"。核心是：整合三军的规模、能力、权限、使命任务等，形成优势互补、能力倍增，打造超越传统海军、更具对抗性和杀伤力的新海上军事力量。

明确不同烈度竞争的用兵思路。一是"平时竞争"，持续开展全球自由航行和飞行活动，遏制对手过度、非法的海权主张；持续开展海上监视，扩大信息和决策优势，揭露和对抗对手恶意行为。二是"出现危机"，提高并维持战斗力，持续动态部署作战力量，阻止对手获取更多海上利益。三是"发生战争"，将与各军兵种及盟友联合，实施"分布式海上作战""对抗环境中的近海作战""远征前进基地作战"等作战概念，通过海上平台分散部署、海上力量全域机动制造对手决策困境，利用大规模网络化武器实施饱和打击，限制或摧毁对手舰队及岸上防御系统等，实现海上控制和力量投送。

(三) 未来发展重点

美国海军将以加强战备、提升能力、扩大规模和人员训练为发展重点，持续强化制海和力量投送能力，推动先进作战网络、无人系统、人工智能等新技术的应用。

1. 增强全域软、硬杀伤能力

在21世纪20年代中期部署"海战体系架构"（NOA），部署系列指挥、控制、计算机、通信、网络、情报、监视与侦察（C^5ISRT）反制能力、远程高速武器以及可对抗反舰巡航导弹的定向能武器等，建立可在所有作战域协同实施软、硬杀伤的舰队。

提升信息系统抗毁性与可靠性。发展可靠传感器、指挥控制节点、平台、武器等，提高C^5ISRT体系架构的抗毁性，同时更快速闭合杀伤链。在部分系统被干扰情况下，可利用水下、深海、网络武器等杀伤手段，迫使对手丧失战斗力。

发展更多种类数量的攻防武器。研制并部署更多种类和数量的先进导弹、鱼雷、水雷、网络武器、电磁武器等，对水面、水下、空中、太空、岸上及网电空间内的目标实施软、硬杀伤；改造现有平台，搭载高超声速武器；发展可在对手防区内执行任务的固定/机动式传感器、潜艇、无人系统等；部署大功率定向能武器和电子战系统，降低弹药储备对舰队防御能力的影响，提高舰队抗饱和攻击能力。

发展"海战体系架构"。"分布式海上作战"概念要求美国海军平台、武器和传感器等通过"海战体系架构"连接，并与"联合全域指挥控制"（JADC2）系统集成。"海战体系架构"包括网络、数据和分析工具及基础设备，可使分散部署的海上部队互联互通，为联合部队提供决策优势。此外，还将通过"特遣部队制胜"计划整合海军资源和专业知识，力争 10 年内部署"海战体系架构"。

推进分布式海上后勤力量建设。提升支撑"分布式海上作战"概念的后勤保障能力，建立可在高威胁区域随时行动的后勤网，以低成本、有效的方式支撑作战，具体包括保护、维持后勤信息系统并实施现代化改造，扩大战略海运规模，调整商船用途等。

通过作战概念创生新能力。创新作战概念使现有作战能力满足新的作战需求，成立"新型特遣部队"，推动作战中心和实验室先进技术的融合。

2. 扩大规模并强化海上合作

持续推进潜艇采办，将无人系统融入舰队，为"分布式海上作战"概念提供充足平台，建立有人和无人舰艇结合、规模更大的联合舰队，满足海军水面、水下、空中作战的需求。

扩大有人/无人联合舰队规模。一是将"哥伦比亚"级弹道导弹核潜艇采办作为首要任务按期推进；持续建造"弗吉尼亚"级攻击型核潜艇并研制后续型号，扩大水下战优势，压缩对手作战空间。二是发展"星座"级护卫舰等中型水面作战舰艇，在平时竞争及未来高端战争中遂行分布式作战。三是大力发展水面、水下和空中无人平台，2030 年前成熟运用，提升情监侦能力，为分布式海上部队提供额外的精确打击火力和补给手段。

加强"海上三军"内部及与盟友的合作。加强与海军陆战队、海岸警卫队配合：海军陆战队通过远征前进基地提供海上攻防火力和情报、监视与侦察能力，海岸警卫队提供必要的执法和安保能力；将继续加强与盟友合作，共同应对高端战争。

3. 加强战备

通过按计划开展装备维护、整修关键基础设施、加强多域协同作战、与盟友开展演习演练等措施，建立人员充足、训练有素、装备精良的海军，在平时竞争、出现危机、发生战争时取胜。

增强平台建造维护能力。提升水面舰艇、潜艇和飞机按期交付的能力；优化可用性维护规划，确保平台按期完成维护；推广数据驱动的"从性能到项目"（P2P）方法，提高部队战备水平。

优先投资关键基础设施。升级改造海军造船厂、干船坞、维修设施和航空站等，确保满足未来几年水面舰艇、潜艇和飞机的建造维护需求；投资全球基地和站点网络等舰队后勤设施。

研究对手并隐藏实力。加强对竞争对手作战能力和用兵思路的研究，在决策过程中充分考虑对手特点，通过演习、试验和培训加深理解与认识；谨慎规划演习和行动，防止因关键信息泄露而被对手掌握弱点。

加强全域作战设计与演习。推进与陆军、空军、太空军和信息与网络作战力量、特种部队及盟友的协同；开展兵棋推演和演习演练，完善作战概念和相关能力。

4. 加强人员培训

持续开展训练和学习，培养契合美国核心价值观的作战文化，建立可超越任何对手并与之抗衡的强大海军。

推广数字化训练手段。持续发展"岗前培训"系统和"实况－虚拟－构造"（LVC）训练系统，使海军可在安全、可控的条件下掌握高端战术。"岗前培训"系统利用敏捷、多途径方法提供及时的相关培训，确保作战人员掌握舰上作战所需知识；LVC 利用先进计算能力和网络技术将实际训练与仿真训练融合，以提高训练效能。

三、几点认识

同时发力传统主战装备与新兴作战力量,强化对我制衡能力。美国海军正以中国为首要战略对手,从传统主战装备和新兴作战力量两方面强化海上制衡能力。一方面,在维持核动力航空母舰和大型水面战舰采办计划不变基础上,扩大中小型水面战舰的列装,强化制海能力。另一方面,美国海军高度重视人工智能、网络武器、无人平台、定向能、高超声速武器等新兴作战力量和技术手段的运用,大力发展新兴装备技术,提高分布式舰队态势感知能力和互联互通能力等,拉大对我作战优势。势必将导致我面临更复杂多变的海上局势。

重点推进"对位压制工程",加速构建全新"海战体系架构"。当前,美国海军作战网络本质上仍是"花园围墙",每座"花园"均有专属的数据格式和应用程序,网络间存在严重的信息隔阂和互用性问题,难以满足未来海战全域互联互通、有人/无人协同、高效数据处理等需求。"对位压制工程"作为美国海军未来发展的重点任务,将发展支持作战和研发环境的网络、基础设施、数据架构、分析工具和方法,确保有人/无人舰队在海上组网,从空中、水面、水下等领域同步提供致命和非致命作战效应,打破美国海军各作战网络间的信息壁垒,构建全新的"网络之网络"体系。

利用虚实结合手段加快海战装备能力成熟与新型作战概念落地。美国海军为应对高端战争,实现海上军事力量全域分配、机动部署,以"制海"谋取海上优势,进一步达到"制陆"目的,正积极推进"分布式海上作战""对抗环境中的近海作战""远征前进基地作战"等新型作战概念落地。一方面,加强全域作战设计与演习,如开展跨军种、跨战区、跨舰队的"大规模演习2021"和聚焦无人装备体系化实战化,加快海上有人/无人装备协同作战的"无人系统综合作战问题21"等;另一方面,加快推广LVC技术手段,创新尝试构建高端海战场景,如"大规模演习2021"中,基于LVC技术构建多维联合反舰、全球信息共享、联合全域指挥控制、分布式后勤补给等系列作战场景,集成了海上舰艇、飞机和虚拟兵力,实现全球同步作战,同时可有效降低成本并提升高端海战演练效果。

(中国船舶集团第七一四研究所　闫俊平　柳正华　白旭尧)

美国海军部《智能自主系统科技战略》解读

2021年7月,美国海军部发布《智能自主系统科技战略》(以下简称《战略》)。《战略》旨在以智能自主系统为抓手,促进无人系统、人工智能、自主化技术交叉融合,缩短研发、转化、应用进程,加速颠覆性作战能力形成和作战方式变革。《战略》给出了智能自主系统的发展愿景与九大目标,制定了投资管理框架、技术框架、实施路径,提出通过演进式发展和颠覆性创新并重的策略,推进智能自主系统发展。出于保密考虑,配套的《智能自主系统战略执行计划》并未公开发布,本文重点通过《战略》文件解读美国海军部无人系统发展思路。

一、发布背景

为应对战略竞争对手,美国海军和海军陆战队相继提出"分布式海上作战""对抗环境中的近海作战"等创新性作战概念,着力优化装备体系,发展颠覆性能力,发掘无人系统的巨大作战潜力,成为其研提和落实作战概念的关键要素。

2018年1月，美国海军部签发《无人系统目标》文件，首次提出"建设一支有人/无人系统无缝集成的部队"愿景，之后相继发布《无人系统战略路线图》《无人作战框架》等文件，梳理了无人系统面临的发展难题，调整了无人系统发展思路，递进式规划了无人系统发展策略，形成了明确的无人系统发展路线。但在现有技术条件下发展的遥控无人系统受限于智能水平低，无法适应瞬息万变的战场环境。为此，有机集成人工智能和自主性技术，发展可动态适应战场环境，敏捷执行作战任务的新型无人系统，逐渐提上美国海军和海军陆战队装备发展的议事日程。

为此，美国海军部指令海军和海军陆战研发部门组成研究团队，在广泛征求政府部门、工业界、学术界意见的基础上，形成这份《战略》文件，正式提出"智能自主系统"装备概念，作为对《无人作战框架》的细化和延伸，确立了新的发展愿景、目标、策略等。这表明美国海上两军无人系统发展新思路已基本成熟，将指导未来无人系统技术研发与装备研制。

二、主要内容

《战略》分析了发展自主系统的必要性，提出了发展愿景、战略目标、预期影响、推进举措等。

（一）发展智能自主系统的必要性

《战略》指出，第二次世界大战以来，美军一直占据全球主导地位，但当今世界已经发生深刻改变：威胁方面，同级对手的能力规模正在赶超美国，动能战、信息战、灰色地带行动等引发全球范围军事能力格局的颠覆性变化；技术方面，科技创新步伐显著加快，全球创新中心地带已从国防领域转向商业领域。

美国海军部认为，在人工智能时代，智能自主系统作为无人系统、自主、人工智能技术的结合体，具备维护国家安全的优势：一是作为对目前大型强力切实能力的补充，提供数量庞大的小型分布式能力；二是作为智能装备，以机器的速度自主适应复杂动态环境，在必要时可消耗；三是通过加速时空数据收集、强化边缘态势感知、支撑信息战，形成决策优势。

（二）愿景与目标

1. 发展愿景

《战略》提出了智能自主系统发展愿景——将其无缝集成到海上体系中。海军建设群体①迄今提出 100 多个未来设想，支持智能自主系统融入现有体系，以下从 3 个方面简要介绍其中 6 个：

一是增强现有能力：①智能自主系统根据每个作战人员的素质、学习风格、偏好和能力，为其提供个性化教育训练；②智能自主系统扩展和强化包括杀伤链运用以及后勤保障、部队维持、动态整编、非战行动等在内的前沿行动。

二是扩展多域能力：①作战部队将智能自主系统作为一体化信息物理系统的组成部分，为空中、水面、水下和陆上各域提供掩蔽措施，实施主动防护，进行及时预警，保护设施、港口、移动资产的安全；与数字网络连接后进行网络空间实时监测与防御；②作战部队依靠智能自主系统对所有各域实施时空遍历的智能态势感知，包括获取环境特征，实时感知和预测作战空间情况。

三是形成全新能力：①作战部队利用自我管理的智能自主系统集群进

---

① 海军建设群体是美国海军部对担负海上力量建设使命各方的统称，主要包括海上两军官兵、机关政府部门和机构，以及工业界和学术界。

攻和防御；②作战部队利用智能自主系统对作战空间的活动形成宽广、深远、精细的视图，通过战术边缘的智能信息处理，进一步清晰化视图，从而使决策更加及时、有据、准确。

2. 战略目标

《战略》提出实现上述愿景的 9 个具体目标，分为以下 3 类：

一是能力类目标，旨在发掘和发挥智能自主系统的潜力，形成平时和战时重要影响力、变革作战能力和管理能力，重在解决智能自主系统的各类技术问题，从动态可重构系统到可消耗集群系统，再到用于增强高端平台的系统。随着自主系统智能化水平的不断提高，系统从简单收集数据和提供战斗力逐渐转变为按照自身感知理解与环境和任务交互并适应之。具体目标包括：①利用演进式到颠覆性的智能自主系统，创造和平时期与作战行动优势；②利用智能自主系统提高部队人员素质、装备性能、训练水平；③利用智能自主系统加快数字和实物环境之间的连接。

二是人员与流程类目标，旨在统一领导层、海军建设群体、作战部队对智能自主系统的认识和努力，优化管理过程、环节。具体目标包括：①建立实现智能自主系统愿景的领导力、治理能力和倡导机制；②招聘、教育、培训、留住世界一流劳动力，以获得智能自主系统赋能的未来的胜势；③建设必要的实物、数字/数据和流程基础设施，以加速持续集成与互用性成熟、试验与评估、能力改进与维持；④伴随作战概念发展，调整采办方法和政策运用，以与创新速度同步推进智能自主系统向实用转化并投入实际应用。

三是合作伙伴关系类目标，旨在促成未来智能自主系统在联合部队和盟国间的互用互换性，提高作战效能，并降低研发成本，缩短研发时间。具体目标包括：①在海军部、作战部队、政府、工业界、学术界、盟友之间培育关键伙伴关系、消除障碍、共享知识,最大限度推进智能自主系统创新;②整个海军建设群体动态合作,并实现与其他军种和盟友智能自主系统的无缝互用。

3. 预期影响

《战略》概述了智能自主系统在作战和科学两个方面的影响:

作战影响方面,给出了5个作战效能指标:①对目标的影响,以此衡量作战行动的战术效能,可能包括杀伤链的所有要素;②能力规模,以此衡量支持快速应急行动或持久行动的能力;③作战节奏,以此衡量遂行或调整作战行动的速度或能同时保障的作战行动的数量;④生存力,以此衡量在对抗后继续执行任务的能力;⑤战备水平,以此衡量人员、平台、设备等要素遂行特定任务的能力。

科学影响方面,因无法预测哪一项基础研究投资可实现下一个应用突破,发展智能自主系统必须在自主、无人平台、人工智能三大领域持续开展广泛的基础研究与早期应用研究,同时还必须重视智能自主系统安全、保密、可靠、可预测、可信赖和伦理道德方面的研究,因而对相关科学技术的发展应用带来深刻影响。

(三)推进举措

1. 实施战略投资管理流程

智能自主系统投资管理既考虑了顶层战略和基层部队需求,又兼顾技术储备、海上特点等,具体流程包括:①综合战略指导、作战问题、技术机遇见解和专家意见,给出智能自主系统预期影响,并用5个效能指标进行评估;②根据预期影响,综合梳理实现智能自主系统九大目标的困难问题;③以战略目标驱动投资项目,由此构成执行路线;④考虑海上独特需要,形成高优先级、多样化的投资组合。

2. 渐进式和颠覆性发展并重

推进智能自主系统的发展，要求转变领导与治理的基本功能，以重新设计和引领研发、转化以及形成作战能力的方式。智能自主系统推动这一转变有两个巨大的机会空间，它们是没有相应在册采办项目的颠覆性能力进步，以及与当前在册采办项目弱相关的演进式能力进步。这两个机会空间要求必须掌握相互冲突的制度属性，要有区别地对待原型设计试验与需求生成、能力规模目标与能力快速升级，以及工业、政府、学术界的协作。

3. 解决海上独特需求

工业界对科技的投资已经超过政府，但没有海军部投资引导，工业界将不会投资智能自主系统特需的某些科技领域。因此，战略投资管理必须发挥海上独特需要的指导作用，最大限度地利用非国防力量。海上独特需要包括两类：一是独特的海上任务属性，如武器化系统、杀伤链运用、敌对性隐秘行动等；二是促成军事进步的常规驱动因素，如长时间、远距离或不利的通信、导航条件，以及可扩展、分布式或分散式自适应调整等。

4. 落实技术框架

《战略》提供了一个开发框架，辅助战略和行动层面上的领导与治理。其中，第1级梳理出智能自主系统计划的主要构成部分，旨在让出资方与高层领导识别技术缺口、作战需求以及投资和撤资所用，考量要素涉及自主控制系统、受控系统、协作互动、用户体验、工程与完整性、维护、数据管理；第2级概括给出第1级构成部分必须具备的核心功能与基本能力，从系统工程角度将关键能力、关键功能与实现方法联系在一起；第3级及以下级别给出用户细化项目特需技术和特定需求的着手处，用以制定填补技术缺口、支持期望能力、落实必要流程的解决方案。

5. 遵守伦理道德与加强信任

伦理道德方面，要确保技术发展与应用符合国家的道德和政策立场，美国的政策并不禁止自主武器，而是要求对武器系统的自主性进行审查和批准。信任方面，一是解决人类如何、何时信任机器问题；二是解决如何评估对机器和人机团队的信任问题。

三、几点认识

（一）美国将智能无人装备作为颠覆性能力发展的主攻方向，以期改变传统作战样式

在外部环境和内部有限财力的双重影响下，美军意识到，未来战争将越来越不依赖高度集成的武器装备，而发展异构化、低成本的无人装备，配合使用决策辅助工具、先进网络等，可提供更大的适应性，为对手制造一系列无法解决的困境，从而获得决策优势。无人装备将逐步融入杀伤链的各个环节，并加速杀伤链闭环：在观察环节，将实现低成本、广域侦察；在判断环节，将实现海量信息快速处理，形成通用态势图；在决策环节，将自主规划，生成交战战术；在行动环节，将协同编组或集群行动，根据位置、态势信息自主选择交战目标。

（二）重视多方协作，创新引入机制成为关键

商业部门在无人装备、人工智能、自主技术领域的投资和产出已远超政府，如何将谷歌公司 AlphaGo、AlphaStar 等人工智能技术突破引入无人装备成为重大课题。长期以来，由于缺乏自上而下的研发统筹，导致关键技术领域和研发环节资源配置不均衡，大量项目在完成演示样机、原型机后，因技术成熟度低而被搁置，对技术转移构成重大障碍。美国海军部已意识

到相关问题，正在引入创新机制，包括论证设立自主项目办公室，对外在舰队和研发生态系统之间架设桥梁，引导研发机构以军事需求为导向持续投资，对内整合分散的无人项目办公室，聚焦新概念、新技术、新组件、新系统和新应用的早期演示验证；优化合同机制，通过"其他交易授权"（OTA）等赋予合同签订官、国防采办官较大灵活性，适情选择遵守或不遵守国防采办相关法律规定，资助各类创新机构。

（三）寻求颠覆性采办方法，旨在提高发展实效

近年来，美国海军无人系统快速采办方法饱受国会质疑。《战略》认为，国防创新速度已远落后于商业领域，而竞争对手正在赶超，将运用颠覆性方法加速无人装备形成作战能力。由此推断，海军与国会之间尚存无人系统发展争议，海军虽然主张将无人系统摆在战略位置高度，但可能会严格控制无人系统早期采办数量和进度，加强运用建模仿真手段，借助原理样机开展多维度试验，最大限度地降低风险，为后续快速采办和规模化列装创造条件。

（中国船舶集团第七一四研究所　孙明月）

美国海军《无人作战框架》解读

2021年3月，美国海军部长、海军作战部长、海军陆战队司令联合签发《无人作战框架》（以下简称《框架》），系统阐明了海军和海军陆战队发展无人系统的愿景、目标、策略和途径；首次提出"以能力为中心"的发展思路，尝试改变无人系统"烟囱式"发展现状；强调与工业界、学术界、盟友和合作伙伴协作，围绕无人系统实战能力提供整体性解决方案，全面、系统地加速无人系统能力交付。

一、发布背景

为落实特朗普政府"大国竞争"战略，美国海军、海军陆战队相继提出"分布式海上作战""对抗环境中的近海作战"等新作战概念，着力扩大舰队规模、优化兵力结构、提升联合作战能力。鉴于无人系统成本低、建造周期短、运营维护需求小，且作战效能潜力巨大，发展无人系统成为作战概念落地的关键举措。近3年，《海军部无人系统目标》《海军部无人系统战略路线图》相继发布，提出了"建设一支有人/无人系统无缝集成的部队"愿景，并计划逐步使无人系统成为海上行动的首要选择。

然而，新的战略环境、有限的财年预算、"烟囱式"发展思路以及对失败零容忍的环境对实现无人系统愿景构成巨大挑战。在此背景下，海军部出台《框架》文件，以《海上优势：以一体化全域海上军事力量制胜》《海军作战部长发展指南》《指挥官规划指南》为指导，进一步阐释了无人系统既定愿景，全面识别了无人系统发展面临的挑战，针对性调整了无人系统的总体策略和发展思路，并辅以更高密级的《无人作战行动计划与里程碑》实施方案，指导更快速有效地研发、建造、集成与部署无人系统，使海军和海军陆战队"拥有不对称优势"和"改写传统战争"。

二、主要内容

《框架》共包括"为何选择无人系统""现状怎样""如何实现"三部分，核心内容如下：

（一）围绕未来作战提出五大发展目标

《框架》识别了发展无人系统的四大挑战：一是程序和组织方面的障碍减缓了领域创新；二是"以平台为中心"的发展思路很大程度上制约了无人系统作战效能；三是经费投入受限；四是对失败零容忍的发展环境。为此，《框架》针对性地提出五大发展目标：一是面向海上与联合作战，全面发展有人/无人编组协同作战能力；二是构建数字基础设施，快速和规模化集成无人系统；三是激励无人系统快速增量式研发和测试；四是识别、解决共性问题，在跨域和跨平台上推广运用；五是创建"以能力为中心"的发展思路，为部队集成无人系统能力。

最终，无人系统将提高"杀伤力、规模、生存能力、作战节奏、威慑力和战备水平"，达到以下七大理想状态：一是通过自动执行常规、重复任务，为关键作战行动提供多样化作战力量；二是在复杂和充满对抗的地区作战，降低人员和任务风险；三是感知和探索战场环境；四是增加航程、续航时间和持久性，超出操作人员生理极限；五是降低进入不宜生存环境对生命的威胁；六是实现更快速、可扩展、分布式决策，使人类处于指挥最高点；七是通过分布式网络节点提高弹性、联通性和实时感知能力。

（二）总体策略从"单靠搭建平台"转向"提供整体性解决方案"

围绕建设有人/无人系统无缝集成的部队，《框架》从平台技术、试验演训、人员教育、后勤保障、政策伦理等方面提出了整体性解决方案，分为八大努力方向：一是以开发跨域能力为中心，加快无人平台和使能技术研发；二是开发相关战略、作战概念，通过战争推演、演习和试验进行验证与修正；三是通过作战部署、演习演练和概念验证，识别和改进人员配备、训练、装备方面的问题；四是整合研究力量，聚焦能力开发、验证和集成；五是吸纳优秀人才，加强培训教育，确保安全可靠地运用无人系统；六是加强后勤与基础设施，为大规模列装无人系统创造条件；七是消除政策、伦理、法律方面的障碍，服务无人系统研发使用；八是广泛沟通宣传，确保海军部拥有统一的无人系统发展愿景。

（三）发展思路从"以平台为中心"转向"以能力为中心"

美国海军部已意识到，"没有适当的关键使能技术、核心技术和互用性标准，仅凭物理平台无法执行任务。"为此，《框架》首次提出"以能力为中心"的发展思路，重构无人系统发展生态：一是重点发展使能器和核心技术，一旦突破即广泛推广，其中，使能器主要包括网络、基础设施、数据与自主性、接口与标准、指挥控制等跨平台共性技术，核心技术则涉及导航定位授时、通信、网络安全、载荷集成、感知与决策、边缘计算、人工智能等；二是推行模块化、开放式体系架构，允许根据作战需求或技术发展速度，"接受频繁的模块化升级"，避免重复采办。

（四）强调借助工业界、学术界、盟友和伙伴国的力量

《框架》提出，将加强与工业界、学术界、盟友和伙伴国的合作关系，共享技术创新成果，确保作战优势：一是宣贯海军部独特的无人系统军事需求，引导工业界、学术界投资创新，确保其自主研发产品符合采办要求；二是发挥专业协会的纽带作用，确保军民领域信息共享，充分借鉴各方无人系统、有人/无人编组系统；三是与盟友、伙伴国联合开展作战训练、试验和部署，加强无人系统的互用性；四是与盟友、伙伴国联合研发安全数字通信标准和通用指挥控制接口，确保在联合作战中共享态势感知信息；五是发展跨国安全供应链，形成可支撑全球联合作战的维修保障能力。

（五）完善无人系统相关的法律、政策和伦理准则

《框架》提出，海军部在遵循《武装冲突法》、国防部政策和有关伦理准则的同时，不断提升无人系统的智能水平，以最大限度地提高作战效能，并与其他部门联合制定关于无人系统的法律和伦理架构：一是审查无人系统的指挥控制架构、任务领域和能力，识别哪些系统具备杀伤性；二是坚持人类拥有最高决策权原则的同时，将自主权适当下放给无人系统；三是发展对抗措施，在对手不认同法律、政策和伦理准则，或以美国不会采用的方式使用无人系统时，确保竞争优势；四是贯彻国防部关于利用人工智能的伦理准则，确保无人系统在战场合法使用。

三、几点认识

（一）美国正加速利用无人系统变革海战装备体系和作战样式

美国海军认为，当今全球安全环境已重回大国竞争时代，传统部队结构难以应对新的军事需求，而有了无人概念，便可改写传统战争，甚至实现半数航空部队或大部分远征后勤的无人化。相关装备大规模部署后，对反潜、反舰、对陆打击、情监侦等传统作战力量形成有效补充，将极大丰富编成方式和作战样式，使海上作战迅速步入智能化战争时代。

（二）坚持顶层统筹、融合发展和生态建设

一是坚持顶层统筹，明确并不断细化无人系统发展愿景、目标、策略和途径，集中资源解决核心、共性技术；二是坚持融合发展，加快推进无人系统与有人系统融合、无人系统与无人系统融合、军民研发力量融合；三是重视发展生态建设，在发展无人系统的同时，注重相关网络、基础设施、后勤保障、指挥训练、条例条令、教育培训、政策法规等方面的建设。

（三）"建造一点、试验一点、学习一些"的发展模式

美国国会、国防部、海军部已意识到"对失败零容忍"这一挑战，已开始在无人系统项目中推行"建造一点、试验一点、学习一些"的发展模式，严格控制无人系统早期采办数量和进度，借助原理样机开展多维度试验，为后续快速采办和规模化列装创造条件。研发阶段，重点验证关键技术成熟度，验证其在受控环境中可独立执行任务；部署阶段，在军事演习、战争推演、应急行动中与有人系统进行整合，验证作战概念。此外，

针对紧急作战需求，可采用应急能力采办或中间层采办程序，简化研发到部署的过程。

（中国船舶集团第七一四研究所　孙明月　于宪钊　吴晨）

（陆军研究院　杜燕波）

美俄在北极地区博弈态势分析

近年来，美国和俄罗斯在北极地区的全方位博弈呈现加剧之势，尤其是在战略目标和利益主张等方面的冲突愈演愈烈。主要表现在，美俄加快武器装备研制与试验研究，推动北极地区军事部署和作战训练演习，力图进一步增强本国对于北极地区的话语权和控制能力。

一、美俄北极战略目标和利益主张冲突加剧

作为北极理事会正式成员国中综合实力最强的两个国家（北极理事会是成立于1996年的政府间论坛，中国在2013年成为正式观察员国），俄罗斯和美国分别于2008年和2013年先后出台首份北极战略，均将北极地区视作关乎国家安全和重大利益的核心区域，尤其在战略目标和利益主张方面的冲突呈现愈演愈烈之势。

（一）美国将北极地区视为大国竞争新战场

2019年6月，美国国防部发布第三版《国防部北极战略》，首次明确将北极地区纳入大国竞争范围。相比于前两版北极战略强调的北极地区气候

变化挑战，新版战略着重关注北极地区在遏制中俄崛起过程中的潜在作用，声称北极地区可能成为对手攻击美国本土的潜在战略要地，中俄正在以不同方式挑战北极地区基于规则的秩序；提出发展更敏捷、更致命、抗打击能力更强的联合部队，以捍卫美在北极地区的主张和利益。依据该战略，2021年6月9日，美国国防部成立第六个区域合作中心——北极安全研究中心，旨在促进美国和具有共同价值观的北极国家之间的伙伴关系，共同维护北极地区稳定和基于规则的秩序。

在《国防部北极战略》发布后，2020年7月至2021年2月，美国空军、海军、陆军陆续发布北极战略报告，阐述各军种围绕北极地区的军事战略及威胁态势评估结论，拟定未来能力建设方案及相应举措。在军事战略方面，空军强调北极作为国家安全前沿的重要性，海军强调在北极地区长期前沿存在，陆军强调重获北极主导地位的必要性。在威胁评估方面，各军种都强调了俄罗斯不断强化的进攻性陆海空作战力量和海基弹道导弹系统对美国本土安全及北极秩序的威胁。在能力建设方面，空军关注观测预报、通信保障、天基预警、力量投送能力提升，海军强调以制海权为重点加强北极地区行动和作战能力的现代化建设，陆军提出提高极地冰区武器装备战备水平及士兵班组作战能力。在主要举措方面，空军拟升级联合演习演训，改善与盟友及合作伙伴在北极地区的作战协同关系；海军提出探索建立极地冰区远征前进基地，部署海军陆战队和海岸警卫队滨海战斗团；陆军计划组建"北极旅"部队，设立作战指挥部并建立多域特遣大队，为极地对俄作战开发新型战术。

（二）俄罗斯在北极地区深度谋求利益空间

俄罗斯作为世界上最大的环北极国家，在北极圈内拥有最大管辖面积和最多矿产资源储量。为深度开发北极地区战略纵深和利益空间，俄罗斯先后发布《2020年前俄罗斯联邦北极地区国家政策原则及远景规划》《2020年前俄罗斯联邦北极地区发展和国家安全保障战略》《2020年前俄罗斯联邦北极地区社会经济发展国家纲要》，基本构建起北极战略框架。框架明确俄罗斯在北极地区的国家利益：一是作为保障俄罗斯国家社会经济发展的战略资源基地；二是保持北极地区作为和平与合作区域；三是保持北极地区独特的生态系统；四是使用北极航线，将其作为俄罗斯北极地区国家级交通运输干线。

2020年3月和10月，俄罗斯总统普京先后签署总统令，批准《2035年前北极地区国家政策基本原则》和《2035年前俄联邦北极地区发展与国家安全战略》，明确俄罗斯在北极地区实施国家政策的目标、任务和行动机制，将北极开发列为俄罗斯政府主要优先事项和最高国家利益，着力强化北极开发主导权。政策目标在于实现俄罗斯北极政策设定的各项目标，着重强调北极地区对美国出现冲突的可能性大幅增加。与美国政治体制相比，俄罗斯在北极政策方面已展现出更强的连续性和有效性，政策落地周期相对较短，当前正在通过政府和军队机构改革加强对北极地区的垂直管控和政策协调力度。总体而言，推动北极地区全面发展是俄罗斯应对北极地缘政治以及经济和安全格局变化的核心依托所在。尤其是在多边外交方面，为加快推动国家北极战略体系落地实施，俄罗斯借助先天优势拓展其在北极地区的安全与经济存在，巩固对北极地区东北航道与北冰洋200海里外大陆架界限的法律主张，增加北极开发的普惠和外溢效应，进而打造由俄罗斯主导的北极地区开发国际合作框架并逐步强化北极综合安全观。

二、美俄竞相加快极地装备研制与试验研究

为有效满足当前及未来一段时期本国在北极地区军事部署和作战能力需求，美俄加快极地武器装备研制及前沿技术攻关。其中，尤为重视极地冰区情报侦察监视装备发展，强化对北极地区多域军事活动的态势感知能力。

（一）美国快速推进极地冰区核心装备建设

美国在新版《国防部北极战略》中对其加强极地冰区装备技术开发和基础设施建设等提出明确要求，主要包括：在2024年前，美国海岸警卫队将依托"极地利刃"项目建造3艘极地安全巡逻舰，配装基于"宙斯盾"作战系统改进而来的新型作战系统；构建北极移动观测通信系统，2022年完成技术架构。此外，美国国防高级研究计划局于2021年底发布"重新定义可能"跨部门项目公告，重点强化"在北极等恶劣环境中提供永久存在"的前沿交叉技术研究。

（二）俄罗斯着力增强装备的北极运用优势

俄罗斯高度重视典型武器装备的北极部署能力，持续投入并着力增强其极地冰区装备运用优势。在破冰船方面，截至2021年7月，俄罗斯拥有7艘核动力破冰船，包括2020年10月交付的全球最强破冰船"北极号"。在天基探测方面，俄罗斯已发射首颗北极环境监测卫星"北极·M"并计划自2022年起，逐年发射后续4颗"北极·M"卫星，组建北极水文气象和气候监测卫星群。在态势感知方面，俄罗斯积极发展极地声学探测技术，如用于极地海域的新型反潜探测声纳监听系统；在极地多用途支援舰船方面，2021年5月，俄罗斯海军新型北极多用途支援舰"帕罗莫夫中将"服役，后续3艘同型舰船正在建造。

三、美俄强化北极地区军事部署和演习演训

围绕北极战略目标和利益主张,美俄推动北极地区军事部署,尤其是针对极地作战的演习演训频次逐年上升,与极地装备研制和试验研究形成呼应之势,加速北极地区安全格局重构。

(一)美国借助多种措施提升北极作战能力

自美国海军正式恢复第二舰队建制并将北极海域纳入作战空间与任务区域以来,美军又主导成立北约诺福克联合部队司令部,将其作为保护跨大西洋和近北极地区盟军海上交通线的战术指挥部。2020年3月,美国海军主导在阿拉斯加以北地区展开为期21天的"冰原2020"联合演习,其盟友英国、加拿大、挪威和日本四国部队参与演习,旨在检验美军及其盟友在北极地区联合对俄罗斯作战能力。12月18日,俄罗斯"北极号"破冰船下水当日,美国国防部宣布在阿拉斯加地区正式成立第二支F-35A战斗机中队,主要用于驱离经常来此地区巡航的俄军战略轰炸机。美国空军宣称,2021年底共计将有54架F-35战斗机部署至阿拉斯加埃尔森空军基地,加之先期部署的F-22战斗机,阿拉斯加州将成为美国五代战斗机部署最为密集区域。

2021年1月,美国在退出《中导条约》后重启中程弹道导弹研制,并宣称将该型导弹部署至阿拉斯加地区最西端的阿图岛;如果发射,数分钟内即可飞抵俄罗斯设在堪察加半岛的弹道核潜艇基地。2月28日,美国总统拜登与加拿大总理特鲁多的双边会晤中提出,共同升级北美航空航天防御司令部,应对俄罗斯在北极地区日益增长的军事存在及威胁;随后,该司令部开展北极地区联合防空演习,重点演练对俄罗斯作战过程中的卫星快速重构能力。5月21日,美国知名智库布鲁金斯学会发布《美加强北极

防御的军事选项》，提出美军在北极地区急需改变对俄军事博弈态势和战备状况，建议成立地区级司令部并升级联合演习演训。

（二）俄罗斯持续巩固北极非对称作战力量

为更好抵制美国对俄罗斯北极事务的干涉，自美国退出《中导条约》以来，俄罗斯密集采取多项措施巩固其在北极圈内第一军事大国地位：一是组建北极战略司令部，成立北极巡逻考察特遣部队，新建北极军事基地，部署"堡垒"岸基导弹系统；二是恢复对北极地区的战斗机空中巡逻，加强对挪威和丹麦附近海域巡逻力度；三是加大潜艇冰下训练强度，开展传统武装部队进入北极地区的作战战术演练。截至目前，俄罗斯在北极地区累计建设军事基础设施达475处，并部署图-95MS轰炸机、图-142巡逻机、苏-25攻击机、苏-34多用途战机和米格-31截击机等多型战斗机。2020年4月26日，俄罗斯空降部队借助伊尔-76军用运输机，在北极地区弗朗兹·约瑟夫群岛上空开展万米空降训练，这也是全球首次在高纬度地区实施的高空空降训练，展示了俄罗斯空军在北极地区的作战能力优势。

2021年1月，俄罗斯北方舰队及其辖区正式由军种作战力量升级为北部军区，成为与俄中央军区、西部军区、东部军区、南部军区并列的第五个地区级军事行政单位，拥有跨军种和战略地区指挥职能，极大增强了俄罗斯在北极地区的军事力量和作战协调能力。随后，俄罗斯联邦安全总局授予维堡造船厂2艘"暴风雪"级冰上巡逻舰建造合同，2024年交付北部军区。同时，北部军区空防部队下属的全球最北端军事基地正在建设新机场，建成后可全年起降各型军用战斗机。2021年9月9日，俄罗斯北方舰队在北极地区开展"阿蒂克"联合作战演习，演习涉及50艘军舰、8000名士兵、120架飞机、800台（套）武器装备，旨在应对美国在北极地区西北航线和东北航线可能挑起的突发事件。

四、结束语

俄罗斯基于长期占据北极竞争优势地位，围绕北极地区永久军事存在和资源开发，对于北极地区有十分强烈的利益主张。而美国正在加强对北极地区战略意义和潜在价值的关注，并将借助自身资金和科技优势挑战俄罗斯现有北极优势地位，在北极态势感知、环境观测预报、自然资源开发和武器装备部署等方面迅速赶超。当前，美俄两国对北极地区理念一致、目标冲突，北极地区已成为美俄两国综合博弈的新热点。

（中国船舶集团第七一四研究所　徐智斌　李仲铀　江洋）

国外未来无人潜航器发展及运用展望

伴随无人化智能化时代的到来,各种无人装备在局部作战行动中开始崭露头角,显示出无人装备巨大发展潜力和作战应用前景,各军事强国竞相开展无人化和人工智能的研发工作。特别是海上无人装备作为海军信息化武器装备建设的主要发展方向,受科技进步和实战需求的现实推动,得到世界各国海军高度重视,并呈现迅猛发展态势。无人潜航器(UUV)作为一种海上力量倍增器,具备执行远程通信中继、反潜警戒、水下侦察与监视、反水雷等一系列重要军事任务的能力,在未来海战中具有不可估量的作用。

一、国外未来无人潜航器发展情况

近年来,强国海军均在积极创新和探索无人潜航器在新领域、新概念方面的研制和作战使用,以使其更加满足未来海战的需求,占领战力制高点。美国、英国和俄罗斯已在这方面走在世界前列,特别是英国通过鼓励和支持各种"异想天开""奇思妙想""不拘一格"的颠覆性、前沿性、探索性的无人潜航器超前研究，积极推动水下作战体系创新超越发展；美国和俄罗斯则高度重视水下无人作战系统的研发和运用，不仅提出了以无人潜航器为主的作战武器开发计划，而且作战运行相关的配套支撑体系研发领域也取得了不小进展。

（一）英国超前提出未来无人潜航器概念设计

英国分别于 2017 年 8 月和 2020 年 1 月公开未来仿生潜艇和仿生无人潜航器的概念设计图。其中，未来仿生潜艇（代号"鹦鹉螺"－100）作为母艇，是仿生无人潜航器的搭载平台和指挥控制中心，作战概念超前、设计新颖，应用创新概念与新兴技术打造水下新利器，占领水下特别是深海领域的制高点。该艇所搭载的"鳗鱼"仿生无人潜航器，既可作为母艇的传感器，也可作为其他辅助武器的搭载平台，可仿照鳗鱼的形态及运动方式，有效躲避敌方的探测。多架"鳗鱼"无人潜航器可采用蓝绿激光进行水下通信组成集群，可大量、大范围部署，通过携带多种传感器，可监听水下信号，侦测敌方舰艇，利用人工智能系统评估战场情况，进而做出行动决策。

"鹦鹉螺"－100 潜艇还配备有一系列随艇按需打印或溶解的微型无人潜航器，可通过"鳗鱼"无人潜航器布放。这些微型无人潜航器采用可水溶性聚合物材料 3D 打印制成，材料可从海水中提取，能在预定时间自行分解，体积极小，并能大量、广域投放，彼此间通信，也可与"鳗鱼"无人潜航器进行通信，适合集群部署在关键海域甚至敌方区域，执行侦察任务。此外，微型无人潜航器在半溶解状态时具有很高的黏性，可堵塞敌方舰艇的进水口，使其失去战斗力。

（二）美国海军推动未来无人潜航器发展

美国海军在无人系统发展路线图的基础上，连续发布了三版《无人潜航器主计划》，尤其是2021年3月美国海军部长、海军作战部长、海军陆战队司令联合签发《无人作战框架》，认为无人潜航器对水下力量不仅是有力补充，更是"倍增器"，是美国海军保持未来水下优势的关键。近年来，美国海军正基于最新版"主计划"，结合最新公布的《无人作战框架》，在持续强化无人潜航器技术研制的同时，大力推动无人潜航器向实战方面转化。

美国海军先后开发了几种有关无人潜航器作战运用的水下预置武器体系，如"上浮式有效载荷""海德拉"和"分布式敏捷反潜系统"等，用于实施战场支援、隐蔽突袭和利用无人系统集群实施反潜探测等。此外，美国海军正在研发建造的"虎鲸"超大型无人潜航器，可独立执行情报监视侦察、水雷战、反潜战、水面战、电子战、对陆打击等任务。在未来战争中，可通过无人潜航器建立关键水域和航道的实时水下监视网，为潜艇和航空母舰等高价值目标提供水下预警；根据任务需求搭载导弹和鱼雷等武器对敌高价值目标进行打击，可像无人机作战一样采用定点精确打击，也可以协同组网实施蜂群战术，对敌进行集群打击等。

（三）俄罗斯海军未来无人潜航器发展构想

苏联是世界上最早研制无人潜航器的国家，具备雄厚的技术基础和丰富的运用经验，曾经研发的L-2型潜航器，潜深可达6000米。苏联解体后，受经费和技术等限制，俄罗斯尽管在无人潜航器领域发展缓慢，但还是根据自身具体需求设计发展了专门针对北极海区特点、用于北冰洋极区信息传递和援救的"朱诺"无人潜航器。近年来，伴随国家经济的好转，俄罗斯重新将无人潜航器列为海军发展重点，相关研发机构同步研发了多型无人潜航器，但尚未发布专门的发展战略与规划。

直至2018年，俄罗斯在《2018—2027年国家武器装备计划》中公布了一型具备"颠覆性作战能力"的"波塞冬"核动力无人潜航器。该潜航器于2015年11月首次曝光,是一种兼具战略核打击和精确打击能力的超大型察打一体水下无人作战平台,可通过自主远程水下机动前出部署至敌"源头"海域或其他关键水域,遂行多种作战和支援保障任务,是俄罗斯海军在研"状态"-6海洋多用途系统的核心,是俄罗斯为应对美国导弹防御系统和地缘上步步紧逼的战略包围等重大威胁而研制,继承了20世纪50年代初苏联的T-15超重型核鱼雷部分设计,并借鉴了美国海军近年来发展的大排量无人潜航器(LDUUV),是俄罗斯海军紧追装备发展无人化趋势、构建未来海战无人装备体系和落实《俄罗斯联邦2030年前海洋军事活动领域国家政策基本原则》相关内容的重要举措,已成为俄罗斯海军的新型"杀手锏"武器,具有强大的战略威慑能力。

二、几点分析

通过上述国家在无人潜航器领域的发展,可以看出未来水下作战领域的竞争正在不断升温,水下攻防对抗手段正迅速发展与变革。无人潜航器将成为未来水下攻防领域对抗的一股不可忽视的力量,可以显著强化在水下领域的优势。

(一)受军事需求牵引,美英俄等国将保持水下攻防作战优势作为建设发展的重中之重,不断寻求无人潜航器技术与作战运用的创新突破

从英国的"鳗鱼"微型无人潜航器到美国的"虎鲸"超大型无人潜航器,再到俄罗斯的"波塞冬"核动力无人潜航器,这些无人潜航器均颠覆了传统的装备方案,是各国为满足自身不同作战需求所逐步发展的,未来必将引领水下领域作战朝着新的方向发展。与此同时,随着人工智能、量子信息、仿生、新能源、新材料、无人化等高新科技与传统水下作战平台、武器、信息系统的融合发展，水下攻防作战方式必将发生颠覆性变革，总体上呈智能化、体系对抗的趋势。未来水下作战方式大概率将由潜艇单打独斗向有人潜艇统筹无人潜航器力量编组整体作战转变，水下攻防作战理念向立体攻防拓展，作战空间向深远海延伸，水下远程快速机动、水下集群攻击、水下区域封控与协同打击、水下较大规模隐蔽投送等理论逐渐成为现实。

（二）仿生无人系统、集群技术、动力技术等成为发展重点，继续推进水下战场向着无人化、智能化、常态化发展

当前，水下无人装备日益成为发达国家海军装备发展的重点，在海军未来水下装备系统中占据的比例将日益增大。从英国公布的一系列概念设计看，"鳗鱼"无人潜航器等概念采用先进的仿生设计和水下通信组网技术，组合形成数百千米的"人工鱼群"，实现对大范围战场的实时协同侦察、通信、作战与评估。美国重点关注无人集群相关技术，将其视为夺取未来水下攻防作战优势的关键因素，并制定了一系列重大规划和不断完善现有"上浮式有效载荷""海德拉"和"分布式敏捷反潜系统"等水下作战体系的能力，美国未来的无人潜航器将具备更强的预置、侦察、打击和生存能力。俄罗斯则继续在动力技术上发力，在小型核动力装置实用化取得重大进展的基础上，继续构建包括"波塞冬"和"波塞冬"2在内的核动力无人潜航器体系，以此作为夺取未来水下战"制高点"的关键手段。这些关键技术发展和成熟，将促进水下战场向无人化、智能化和协同化进一步发展。

（三）作战任务范畴进一步扩展，未来无人潜航器将由作战辅助型角色转变为作战进攻型甚至全面型角色

国外现役无人潜航器主要任务是在有人装备指挥下执行海洋调查、反水雷、情报监视侦察、通信中继等相对简单的作战辅助任务，但未来无人潜航器随着续航力、自主水平、通信能力、携带载荷的提高，将不断转变角色，任务范畴进一步向联合反舰反潜、网络化水下探测、集群巡逻警戒、精确打击等主流作战任务领域扩展。例如：英国的概念设计就是瞄准"在未来 50 年彻底颠覆水下作战方式"的目标，其"飞鱼"无人潜航器和按需打印或溶解的微型无人潜航器就具备执行反潜、反舰甚至对陆打击任务的能力；美国的"虎鲸"超大型无人潜航器采用开放式体系架构、模块化有效载荷以及标准化接口，可执行水雷战、反潜战、反舰战、电子战等多种主流作战任务；俄罗斯的"波塞冬"和"章鱼"核动力无人潜航器在研制之初就是以具备对岸战略打击的"非对称"作战理念为指导，一旦装备验证部署闭环，将成为继洲际战略导弹之后的一种新质战略威慑手段。

三、结束语

人类对深海开发的技术局限性导致水下作战迄今为止仍是世界任何国家都无法完全掌控的领域，是海上非对称作战的重要领域。面对如今突飞猛进发展的水下作战理论与技术，世界各海军强国都集中财力、物力和人力联合集智攻关，不断打造新型水下战利器。当前，美国海军正紧锣密鼓地开展新水下战技术革新，着力构建新型水下战装备体系，为未来水下战争做准备，随着其未来无人装备陆续部署，将实现局部海域的"完全透明"和相应的攻击能力，使美国海军攻防体系更加完善，进一步增加他国非对称作战的难度；英国不断专研未来无人潜航器概念设计，在一定程度上探索了未来水下作战概念和水下平台总体概念图像、关键技术等，相关成果将可能运用于英国未来水下装备的发展,并推动未来水下作战的超越发展;俄罗斯一向把潜艇装备和水下战场作为与强国维系非对称军事博弈的重要手段,并大力发展"杀手锏"型水下无人装备寻求非对称作战优势。因此,未来水下战武器装备家族的日益壮大将大幅提升水下体系作战能力,未来水下作战样式也将趋于复杂化、多样化,尤其会对传统水下装备将造成巨大的冲击。

(海军研究院　万克　冯晓硕)

美国海军大排量无人潜航器技术进展分析

2021年8月,美国海军研究局向通用原子电磁系统公司授出合同,为大排量无人潜航器设计电机和动力系统,相关技术已完成实验室实验。美国海军2013年启动大排量无人潜航器研制,目前正在通过技术研发和快速采办两个项目推进技术成熟和列装应用,已在自主、动力能源、指挥控制、有效载荷等关键技术方面均取得了重要突破。

一、发展背景

在"回归制海"战略调整和"分布式海上作战"等新型作战概念牵引下,美国海军为扭转目前对全球海洋控制与海上高烈度对抗能力弱化的局面,正通过扩大舰艇规模来全面提高制海作战能力。然而,美国海军财年预算有限,造舰采购预算每年维持在200亿美元左右,按照常规采办模式短期内难以实现舰艇规模扩大。在这一背景下,以大中型无人水面舰艇为代表的无人装备成本低、建造周期短、运行维护人力需求小,成为扩大舰艇规模的应急选择。美国海军"水面作战能力发展计划"(SCEP)透露,

50% 的新建舰艇为无人水面艇。同样，潜艇部队也大力发展大型、超大型无人潜航器以增进作战能力。按照构想，大排量无人潜航器可能由"弗吉尼亚"级和"俄亥俄"级核潜艇等平台部署布放，替代潜艇前出作战，自主执行情监侦、战场环境情报准备、反水雷、反潜等多种使命任务。

二、项目进展情况

美国海军研究局于 2013 年开始研制"大排量无人潜航器海军创新样机"，2015 年 4 月首次公开展示样机，8 月通过低风险评审，达到"里程碑"A 决策点。2016 年 6 月，为降低项目风险和加速进度，美国海军调整了采办策略，由传统企业主导的供应商竞争采购向政府集中采办转变。

2017 年 4 月，美国海军将项目拆分成两个并行推进的项目：一个被列入快速采办项目，以保证时间进度、快速形成装备，即"蛇头"大排量无人潜航器（图1）；另一个仍作为"海军创新样机"技术研发项目，设计模块化、可重构的潜航器，验证指挥控制、导航、自主、态势感知、核心通信、配电等模块化技术，继续进行软件及自主性测试工作，提高技术成熟度。

三、关键技术

"大排量无人潜航器海军创新样机"直径约 1.5 米，长 7.3~11 米，以燃料电池为能源，续航目标 120 天。近年来，美国海军重点投资自主、动力能源、指挥控制、有效载荷等关键技术，促进大排量无人潜航器的技术成熟。

图 1 "蛇头"大排量无人潜航器

(一) 可快速应用的自主技术

自主技术是大排量无人潜航器具备远程、复杂任务能力的关键。美国海军重点通过"快速集成自主实验室"(RAIL)相关工作,测试并应用新的先进自主软件,从而以最低的成本使无人平台具备最新的自主能力。

"快速集成自主实验室"于 2020 年建立,不是单一的实体设备,而是基于云设施和现代软件工具的网络,能够集成自主软件、传感器和有效载荷,对网络安全、有效性等进行测试,并通过升级软件包实现无人平台的新功能。无人平台供应商可参考"快速集成自主实验室"中的自主软件,通过修改代码为无人平台赋予新的作战能力。这项工作可将自主软件的部署时间从此前的几个月、几年缩短到几天甚至几小时。

（二）高比能动力能源技术

续航力是大排量无人潜航器的瓶颈问题。美国海军探索了多种提高续航力的方法，包括开发高比能电源和推进电机等。

电源方面，美国海军重点发展锂离子电池技术，包括研制高效的可充电锂离子电池、开发新的电池架构以提高电池安全性等。2019年2月，美国先进技术国际公司与通用原子电磁系统公司签订合同，为"蛇头"大排量无人潜航器开发和测试锂离子容错（LiFT）电池系统样机，并以此作为平台的推进动力和系统能源。LiFT电池系统采用单电池容错功的模块化设计，可使电池系统避免出现锂离子电池故障，保障能源供给，提高平台和操作人员的安全性。2020年，美国海军完成了锂离子电池和电池管理系统的试验验证，将锂离子电池装备于"蛇头"大排量无人潜航器。此外，美国海军还验证了固体氧化物燃料电池、质子交换膜燃料电池等在大排量无人潜航器中的应用。

推进电机方面，美国海军研究局2017年12月向通用原子电磁系统公司授出研发合同，为大排量无人潜航器设计制造先进永磁推进电机，宾夕法尼亚州立大学应用研究实验室负责对电机运行特性进行评估。截至2021年，推进电机已通过实验室测试，达到预期的功率、能量密度等性能目标，未来将对集成电机的潜航器进行海上试验。

（三）通用化指挥控制系统技术

美国2011年开始研发通用控制系统，2015年实现大排量无人潜航器的远程指挥控制。美国海军正在推进无人平台指挥控制系统的通用化，目标是利用通用控制站、在不同作战环境中控制所有无人平台。

2020年9月，美国海军采办官员在国际无人系统协会（AUVSI）年度会议上表示，将为无人系统建立"集中管理和领导"的技术群，通过通用控制站让无人平台的控制权在空中平台、水面舰艇、无人作战中心间无缝交接,促进指挥控制系统从传统的以平台为中心转变为以网络为中心,进而实现未来分布式海上作战的目标。此外,美国海军还谋求与盟友无人平台间的通用性控制,目前正在与澳大利亚和英国合作,验证美国海军通用控制系统与英国"海上自主平台开发"(MAPLE)两种指挥控制架构对对方无人系统的控制能力。

(四)标准化负载接口技术

大排量无人潜航器主要通过换装任务模块执行各种不同任务,美国海军无人海上系统办公室(PMS 406)和先进水下系统办公室(PMS 394)专门成立了有效载荷集成组,通过开发、维护和监管有效载荷集成流程,确保能够标准化、快速完成载荷集成,并具备成本效益。

2019年2月,美国海军无人海上系统与小型战斗项目办公室发布"无人海上自主系统架构"(UMAA)信息征询书,提出了面向服务和接口的标准化架构,涉及领域包括态势感知、任务规划、传感器、导航、舰对舰或舰对岸通信等。这种架构可以随时更新符合标准的软件和服务,避免对单一公司或技术的依赖。

四、影响分析

美国海军将大排量无人潜航器设定为随舰艇前出,可自主进入作战海域,执行战场环境情报准备、情监侦任务,或通过换装鱼水雷等作战载荷,实施关键航道封锁、目标打击等任务,是水下攻防能力倍增器。

一是执行远程情报、监视与侦察任务。由于大排量无人潜航器具有较强的续航能力,可由舰艇在距离目标较远的安全距离布放,甚至直接在海岸布放，搭载大型情报监视侦察装备，远程奔袭至目标区域执行情报监视侦察任务，从而避免布放潜艇或水面舰进入对手近岸水域，大幅降低了这些舰艇执行任务难度和危险系数。

二是执行水下打击任务。大排量无人潜航器具有较强的有效负载搭载能力，自主性高、导航能力强，可携带一定水量的鱼雷、水雷等武器，单独执行水下突袭任务。并且，由于大排量无人潜航器相比传统潜艇隐蔽性更强，执行水下打击任务的成功率更高。此外，大排量无人潜航器还可与水面舰船、反潜巡逻机等组成协同反潜力量，执行水下警戒、打击任务，在反潜战中发挥重要作用。

三是构建跨域指挥控制网络。大排量无人潜航器可携带无线通信、光通信载荷，作为潜艇、舰船、飞机等平台的中继节点，构建水上/水下、有人/无人通信网络，大幅提升美国海军实时跨域指挥控制能力。

（中国船舶集团第七一四研究所　马晓晨　朱鹏飞）

美国海军非引爆式水下灭雷系统分析

2021年9月,美国海军研究局授予RE2机器人公司价值950万美元合同,为海军研制可与无人潜航器集成的轻型水下机械臂,以非引爆方式灭雷,从而隐蔽地清除水雷、水下简易爆炸物、未爆弹药等威胁,为美国海军远征部队创造突袭优势。此前,RE2机器人公司已获得美国海军多份研发合同,研制处理水下爆炸物的机械臂、机械手,这次授出的研制合同对机械臂、机械手的性能提出了更高要求,将促进相关技术发展。

一、研究背景

美国海军水雷对抗部队需要经常处理各种水下爆炸物,如水雷、水下简易爆炸物等。常规的灭雷方法需引爆水下爆炸物,容易引起布雷方注意,并可能损伤附近的水下设施,而利用排爆潜水员拆除水下爆炸物则存在较大安全风险。美国海军为减少水下爆炸物处理人员伤亡,自2015年开始,通过多个项目研制可用于清除水下爆炸物的机械臂、机械手,为海军水雷对抗部队提供防区外灭雷装备。

二、研究内容

在研制了电驱动、流体驱动机械臂以及触觉反馈末端执行器后,2020年7月,美国海军研究属发布"水雷和水下简易爆炸物的低可见/无附带损伤清除"项目招标公告,寻求以非引爆方式清除水雷等威胁的系统。根据公告,该项目有3个研究目标和3个研究主题。

(一)研究目标

项目计划研制由潜水员或自主潜航器布放的灭雷载荷:一是由灭雷载荷以非引爆方式消除水雷、水下简易爆炸物威胁;二是由检查设备确定水雷或水下简易爆炸物内部组件位置,如电池、引信等;三是实现自主潜航器远距离通信和操控,以及灭雷载荷启动。新的灭雷载荷须以低可见方式清除水下爆炸物威胁,避免美国海军远征机动部队暴露,失去奇袭优势。

(二)研究内容

1. 低可见无附带损伤的灭雷技术

研发水雷、水下简易爆炸物、未爆弹药的创新灭雷方法,包括但不限于:刺穿壁厚1/8~3/8英寸(1英寸=2.54厘米)黑色或有色金属外壳材料;破坏炸药传爆序列、内部电源、电子或机械引爆装置等;拆除主装药;创新的攻击技术或方法,如单次击发、多次击发灭雷,用于同时清除水雷线或多个未爆弹药群;灭雷载荷的创新部署与连接概念,确保自主潜航器能在距离目标10米外执行任务。

2. 检查传感器

研发创新方法以定位水雷、水下简易爆炸物、未爆弹药的内部组件,包括但不限于:以微创甚至无创方式检查,确认内部组件布置情况,如电子设备、电源、起爆装置等；为操作人员提供评估灭雷方案所需的信息；传感器需要穿透壁厚 0.25 英寸的黑色金属或有色金属外壳，探测内部组件布局；识别的布局应为三维空间布局。

三、已有研究基础

在美国海军资助下，RE2 机器人公司在本项目启动前，已研制了两类机械臂和一种触觉反馈机械手。

（一）电驱动"水下灵巧操纵系统"

为满足使用小型遥控潜航器执行灭雷任务需求，2015 年 8 月，美国海军研究局授予 RE2 机器人公司 270 万美元合同，研制用于爆炸物处理应用的电驱动"水下灵巧操纵系统"。

1. 关键技术

RE2 机器人公司以为美国陆军排爆机器人研制的"超灵巧操纵系统"为基础，研制了具有 7 自由度、推重比 3∶1 的机械臂。在研制过程中，RE2 机器人公司一是将商用直流电机控制器组件重新组合并封装为尺寸 37 毫米×52 毫米×15 毫米、质量 17 克的紧凑控制器，解决了商用直流电机控制器体积和重量过大的问题；二是在每个机械臂关节处定制封装商用传动系统组件，以控制散热路径，解决直流电机过热失效问题，从而利用较小的直流电机实现较大电机的性能；三是改进了关节密封设计，换用了新材料，能在不影响主要部件的情况下向关节注油，并实现压力补偿以满足不同深度工作要求。

此外，为实现"水下灵巧操纵系统"受控或自主操作，RE2 机器人公司研制了"直观模仿控制器"（图 1）和自主控制技术。"直觉模仿控制器"

用于将操作人员的动作按比例转移给机械臂。该操纵器由具有2个7自由度手臂和2自由度躯干组成，穿戴在操作员身上。自主控制技术由"探测"与"智能"算法实现。"探测"算法利用多模2D、3D成像传感器测量非结构环境，然后根据实时视觉处理算法结果连续调节机械臂的位置、方向。"智能"算法则利用"探测"算法数据，结合机器学习、深度学习、几何计算机视觉技术，实现机械臂自主决策。

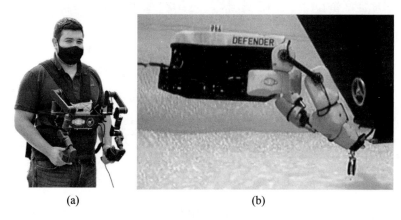

图1 "直观模仿控制器"

2. 研究成果

2018年9月，美国海军研究局向RE2机器人公司追加250万美元投资，继续研制"水下灵巧操纵系统"。2020年5月，美国海军研究局再次向RE2机器人公司追加250万美元资助，以升级"水下灵巧操纵系统"原型机，开发计算机视觉和机器学习算法以实现自主操纵，并与自主导航无人潜航器集成。2021年4月，RE2机器人公司基于"水下灵巧操纵系统"项目成果，推出了"智慧"品牌商用轻型电驱动操纵器，可在结构化和非结构化环境中灵活运行，性能接近人类手臂。其中，"智慧"海用级操纵器（图2）配备一条或两条机械臂，由"直观模仿控制器"遥控操作，或自主控制算法控制,最大工作深度300米,每机械臂水下最大举升力5.2千克,机械臂全长762毫米。

图2 "智慧"海用级操纵器

(二)流体驱动"充气式水下操纵器"

充气操纵系统使用流体驱动的柔性织物膜替代电机,实现关节运动,可降低机械臂成本。为利用柔性材料研制低成本机械臂,2015年10月,美国海军授予RE2机器人公司"用于快速部署操纵能力的柔性弹性技术"小企业创新计划项目第一阶段合同,为海军制造"充气式水下操纵器"。该操纵器将作为自主潜航器的有效载荷,协助爆炸物处理潜水员拆除水下简易爆炸装置等威胁。

1. 关键技术

RE2机器人公司设计的"充气式水下操纵器"关节由柔性膜材料制成多腔室结构并带有液体泵。当泵向腔室充水时,关节膨胀带动机械臂向外旋转,排水后,关节带动机械臂向内旋转。所有关节充满水则机械臂完全伸展，反之完全收回。同时，RE2机器人公司专门设计了一种创新的液体驱动关节，用于"充气式水下操纵器"的手腕、肩部连接处，具有较高的推重比，可以连续转动。2020年7月，该关节设计获得美国发明专利授权。

2. 研究成果

2017年2月，RE2机器人公司获得美国海军小企业创新计划项目第二阶段合同，为海军研制"充气式水下操纵器"原型样机（图3），并集成到无人潜航器上测试。2021年8月，在美国海军举行的"小企业创新/小企业技术转移"项目成果论坛上，RE2机器人公司展示了"充气式水下操纵器"原型样机。

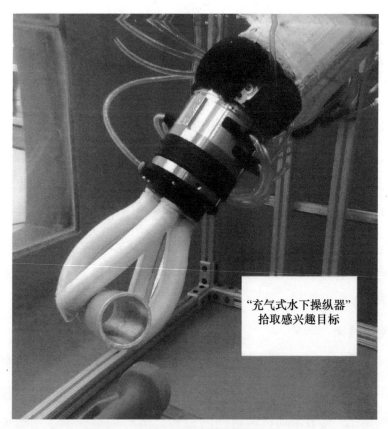

图3　"充气式水下操纵器"样机

(三)"用于感觉、检查、感知和处理的强触觉 mARitime 机械手"

在水下拆除爆炸物威胁,需要非常精细的操作,这种操作通常由潜水员执行。为了改由机器人执行这一操作,2019 年 5 月,美国海军研究局授予 RE2 机器人公司 300 万美元合同,研发具有触觉反馈的反水雷和爆炸物末端执行器。项目名为"用于感觉、检查、感知和处理的强触觉 mARitime 手"("海星"),使用触觉传感技术、多指机电系统,使操作员能快速定位、识别、清除水下爆炸物。RE2 机器人公司获得合同后,向加州大学洛杉矶分校、华盛顿大学授出 54 万美元合同,研制多模态触觉传感器,为机械手提供法向力、二维剪切力、振动感知能力。

四、几点认识

近年来,随着美国战略回归"大国竞争",反水雷问题受到关注。2015 年,美国海军战争学院中国海事研究所副教授莱尔·戈尔茨坦发文分析了中国水雷战能力,称:"中国布雷潜艇能够给美国制造严重麻烦,甚至致命伤害。"RE2 机器人公司以"智慧"海用级操纵器为基础研制的新型灭雷装备将使美国海军水雷战部队作战能力大幅提高,并为美国海军突袭提供支撑。

(一) 为美国海军灭雷、布雷提供新方式

这种新型灭雷装备可自主或在排爆人员遥控下执行"拆弹"任务,以非引爆灭雷方式清除水下爆炸物威胁,在减少附带损伤的同时避免潜水排爆人员伤亡。此外,这种灭雷装备依靠紧凑的外形和灵巧的机械臂,还可躲过近海探测设备,将爆炸物布放到指定设施或装备上,实施偷袭战术。

（二）支撑美国海军隐蔽突破封锁水域

新的灭雷装备体积紧凑、功耗低续航长，可集成在小型无人潜航器由美国海军水雷对抗部队快速部署、长时间工作，大幅提高海军扫雷速度。同时，新装备以非引爆方式清理封锁水道的水雷、水下简易爆炸物等威胁，不易引起布雷国的警觉，为美国海军潜艇、无人潜航器、水面舰隐蔽突破封锁水域提供支撑。

（中国船舶集团第七一四研究所　周智伟）

美国海军首次开展聚焦无人系统的舰队演习

2021年4月19日至26日,美国海军首次举行覆盖多作战域、聚焦无人系统的舰队演习——"无人系统综合作战问题21"(UxS IBP 21)。演习在加利福尼亚州南海岸开展,由太平洋舰队领导,并由其下辖的第3舰队执行,旨在评估海上有人/无人装备协同作战能力,加快无人装备体系化、实战化等。

一、相关背景

近年来,无人系统的研制与作战运用是美军高度关注的热点问题。为落实"大国竞争"战略,美国海军将扩大舰队规模作为装备建设的核心任务,但预算规模有限且后续增长乏力,还需保障主战舰艇有序建造和运行维护,面临巨额经费缺口。无人系统作战效能较高、采办成本低、建造周期短、运行维护需求小,是快速扩充舰队规模、施行"分布式海上作战"概念的重要平台。在此背景下,美国海军提出打造有人/无人联合舰队的兵力设计思路。

2018年8月，美国国防部发布《2017—2042财年美国无人系统综合路线图》，规划了无人系统发展近中远期路线，总体愿景是将无人系统与有人系统无缝衔接，降低作战人员伤亡率并缩短决策时间。2021年3月，美国海军发布《无人作战框架》，要求大力发展无人机、无人水面艇、无人潜航器等无人作战装备，并将如何在资源受限条件下快速、有效发展运用无人系统视为首要解决的问题。

为了解当前无人系统的能力水平，进一步明确发展有人/无人联合舰队重点工作，美国海军开展了"无人系统综合作战问题21"演习（简称"问题"演习）。"问题"演习始于第二次世界大战前，是探索和演练战术的重要途径，第二次世界大战开始后该类演习终止。2015年，在时任海军作战部长斯威夫特的推动下，恢复了"问题"演习，重点针对中国研究海战技术和战术。此次演习是对舰队有人/无人装备协同作战的首次测试，具有浓重的备战思想。

二、演习内容

4月19日至20日，美国海军参演兵力离开驻地前往演习海域；21日至25日为演习主要阶段。演习一方面是为测试当前无人系统的能力，演练无人系统指挥控制，凝练战术技术规程（TTP），为作战人员积累海上无人系统运用经验；另一方面，从情报监视与侦察、目标指示与导弹射击、跨域有人/无人编组三个方面评估了有人/无人编队能力。

（一）参演装备

经梳理分析，UxS IBP 21演习参演人装备如表1所列。

表 1 UxS IBP 21 演习参演装备

装备类别	装备类型	装备型号
无人装备	无人水面艇	"海上猎人"号中型无人艇（SH1）
		"海鹰"号中型无人艇（SH 2）
		"阿达罗"无人艇（ADARO）
		远程无人水面艇（LRUSV）
		（工业部门）MANTAS T38"魔鬼射线"号无人艇
	无人潜航器	"卡瑞纳"无人潜航器（CARINA）
		海洋航空公司水下/水面双模航行器
	无人机	（工业部门）"香草"超长航时无人机
		MQ-8B"火力侦察兵"无人直升机
		MQ-9"海上卫士"固定翼无人机
有人装备	潜艇	"汉普顿"号攻击型核潜艇
	水面舰	"普林斯顿"号巡洋舰
		"沃思堡"号近海战斗舰
		"奥克兰"号近海战斗舰
		"安克雷奇"号船坞运输舰
		"迈克尔·蒙苏尔"号驱逐舰
		"菲茨杰拉德"号驱逐舰
		"斯托克代尔"号驱逐舰
		"斯普伦斯"号驱逐舰
		"约翰·芬恩"号驱逐舰
	舰载机	P-8A 海上多任务飞机
		E-2C"鹰眼"预警机
		EA-18G"咆哮者"电子战飞机
		MH-60R 直升机
		MH-60S 直升机

（二）演练能力

演习主要从空面有人/无人协同探潜、有人/无人协同超视距反舰、有人/无人水面编组、大规模无人集群攻防等方面，验证了无人机、无人水面舰艇、无人潜航器与有人装备在不同作战场景中的运用方式和协同作战能力。

1. 空面有人/无人协同探潜

该科目旨在提升无人系统与有人平台在超视距目标侦察监视方面的协同能力和信息集成与数据共享能力。4月21日，MQ-9B无人侦察机向海面投放声纳浮标，侦测水下信号；MQ-9B与P-8A海上多任务飞机、MH-60反潜直升机等传感器节点集成，共同识别海上目标，向视距外的"普林斯顿"号巡洋舰传递目标信息，引导后续打击行动，但未披露巡洋舰实际发射武器打击目标的情况。演习检验了无人机配合有人飞机、水面战舰执行远程目标跟踪的实战效果。

2. 空面有人/无人协同超视距反舰

该科目旨在探索有人/无人协同杀伤链的效果。4月26日，海军无人机、无人水面艇组成的无源传感器网络，监测到海面靶标发射的电磁信号，并将信号传输给"约翰·芬恩"号驱逐舰；该舰确定目标位置后，发射了1枚"标准"-6主动增程导弹，击中了400多千米外的靶标。演习发挥了无人系统远程侦察和反舰武器射程优势，利用无人系统引导和配合反舰武器，对对手实施超视距和防区外打击，避免大型水面舰等高价值目标与对手直接接触。

3. 有人/无人水面编组

该科目旨在将无人系统纳入未来舰队，丰富海上部队编成形式，支撑"分布式海上作战"概念。4月22日至23日，美国海军"独立"级近海战斗舰"奥克兰"号与新型"阿达罗"无人水面艇开展了协同演练；"阿利·伯克"级驱逐舰"斯托克代尔"号指挥控制 1 艘远程无人艇执行了情监侦任务。演习试验了有人/无人协同编组的运用效果，探索了利用低成本无人系统扩大舰队规模的可行性。

4. 大规模无人集群攻防

该科目旨在验证"超级蜂群"的攻防能力。4 月 26 日，大规模无人机蜂群攻击了水面舰艇；无人机、无人潜航器和无人水面艇协同打击了海上目标，舰队对抗了对手大规模无人蜂群攻击等。演习验证了大规模空中、水面、水下无人系统的多域联合作战能力。

美国海军称，"无人系统综合作战问题 21"检验了无人系统接入编队网络、有人/无人协同混编指挥控制、作战管理等方面的发展成果，可为研发和作战人员提供经验，加快推进无人系统关键技术成熟、规模列装和实战运用。

三、几点认识

同等竞争对手不断发展海上能力，推动美国海军在更广阔作战域加快无人装备作战运用。为应对未来海上挑战，美国海军认为必须创新、加快交付可信与可靠的无人系统，并与有人装备联合作战。演习验证了无人机、无人水面艇、无人潜航器与有人舰艇在不同作战场景的协同作战能力，可加快推进无人系统关键技术成熟、规模列装和实战运用等；还将为海军研发和作战人员提供丰富经验，以进一步将无人作战力量纳入舰队日常运营和作战规划。

无人舰艇是美国海军扩大舰队规模、提升制海能力的低成本有效途径。

美国海军正加快实施"分布式海上作战""对抗环境中的近海作战""远征前进基地作战"等新作战概念，并进一步丰富海上联合作战形式，通过作战平台分散部署、作战力量全域机动，实现控制海洋和力量投送。但在经费有限的情况下，快速发展应用低成本无人装备是实现舰艇规模快速扩充、维持并扩大制海优势的重要举措。

无人装备规模列装将改变高端海战形态。无人装备平时可作为分布式网络节点，为海上部队提供实时、广域的联通能力，形成更严密、广域、立体的监视网络；战时可利用无人装备进行目标定位、通信中继、战损评估等，形成广域分布、灵活抗毁的海上作战网络。此外，无人装备还将深度融合至美国海军杀伤链各个环节，形成多样抗毁、体系协同的杀伤链；也可作为各杀伤链交互协同的关键节点，支撑组建跨域杀伤网，实现多域作战力量的有机融合，打造全新的体系作战优势。

(中国船舶集团第七一四研究所　闫俊平　孙明月　白旭尧)

英国"人工轮机长"无人舰船自主操控系统分析

2021年3月,英国罗尔斯·罗伊斯公司研发的"人工轮机长"首次获得英国国防部资助,将通过16个月的研发提高系统成熟度,已应用于英国海军的无人舰船上。"人工轮机长"系统可在较少人工干预的情况下,自主制定航行规划、操控舰船,并隔离故障、处置突发事件,从而确保无人舰船长期安全航行,提高海军无人运输舰船编队的投送能力。

一、发展背景

(一)罗尔斯·罗伊斯公司研制无人舰船操控系统降低航运成本

根据国际航运咨询机构、罗尔斯·罗伊斯公司等造船企业的研究,海员培训与雇佣成本、航运安全事故、船舶运载空间上限是制约航运企业成本降低的重要因素。无人运输船是解决上述问题的主要手段,但当前的无人舰船操控系统尚不能满足舰船长期安全航运的要求。为此,罗尔斯·罗伊斯公司自2016年起,在芬兰技术与创新资金局"先进自主水上应用"

（AAWA）项目资助下，研发无人舰船自主导航技术。2018 年，罗尔斯·罗伊斯公司与费法瑞公司合作开展"自主导航安全舰船"（SVAN）项目，将 AAWA 项目研发的技术转化为无人舰船自主操控系统，并在 2019 年正式推出其原型系统"人工轮机长"。

（二）英军正力推人工智能技术向军用转化

英军高度重视人工智能技术的应用。2018 年 11 月，国防部下属国防科学技术实验室（DSTL）启动"智能舰船"项目，旨在为英国海军寻求 2040 年前的革命性船舶设计，以解决如何更好地利用自主和人工智能的技术成果问题。尽管项目称为"智能舰船"，但所开发的技术将用于所有国防装备。2019 年 7 月，DSTL 和国防与安全加速器（DASA）机构合作，在"智能舰船"计划下，启动了"下一代智能舰船"竞赛，第一阶段投资 100 万英镑用于资助多个新方案，探索如何改善自动化、自主功能、人工智能决策助手、人机界面等，以及这些技术如何在未来的作战环境中提高决策和任务规划的速度和/或质量。2020 年 6 月，"下一代智能舰船"竞赛进入第二阶段，旨在对一系列人机编组和自主决策系统进行评估和演示。

（三）"人工轮机长"系统符合英国海军对无人舰船的期望

2019 年 9 月，罗尔斯·罗伊斯公司透露，英国海军对该公司的"人工轮机长"系统感兴趣。海军正计划增加无人或可选有人舰船的采购量，以降低作战力量投送成本。无人舰船可以降低对人力的依赖，并提高平台执行高风险、长航时任务的能力，"人工轮机长"系统恰好满足海军对无人运输舰船的需求。

在此背景下，"人工轮机长"系统直接进入"下一代智能舰船"竞赛第二阶段，获得 DASA 投资，以进一步研发和提高成熟度。

二、系统组成与功能

（一）系统主要组成

"人工轮机长"的核心系统称为"自主舰船设备控制"（AVEC）系统，主要由轮机长接口、决策制定和通信管理器三个模块组，以及数据记录器和系统安全两个独立模块组成。轮机长接口模块组由人工轮机长、手动控制接口两个模块组成，其中人工轮机长模块用于接收外部输入指令，提供给决策制定模块组；决策制定模块组由规划、评估、决策、排序4个模块组成，是生成舰船控制命令的核心；通信管理器模块组负责 AVEC 与船上其他系统通信。数据记录器模块负责按时间线记录"人工轮机长"系统的所有活动；系统安全模块负责监测其他各模块活动，分析异常行为并采取措施保护系统免受网络攻击。

（二）系统主要功能

AVEC 系统的主要功能是：①生成任务方案、操控舰船。AVEC 会根据"实时任务管理""长期舰队管理""船舶能量管理"和"设备健康管理"4 个输入约束，编制舰船航行控制方案，生成控制命令。然后通过集成平台管理系统，控制舰船的"动力、推进与转向系统"和"稳定、流体和电子系统"，并与"关键导航与通信系统"和"船舶安全与监视系统"不断交换信息，调整控制方案。②监视各系统运行，确保舰船可靠安全运行。AVEC 能持续评估舰船的机械状态和健康情况，在发生机械故障等问题时，调整控制方案，减轻故障对任务计划的影响。同时，AVEC 可根据预设的一些紧急情况应对措施（如船上火灾），拟制具体实施方案，在一定程度上提高无人舰船的生存能力（图1）。

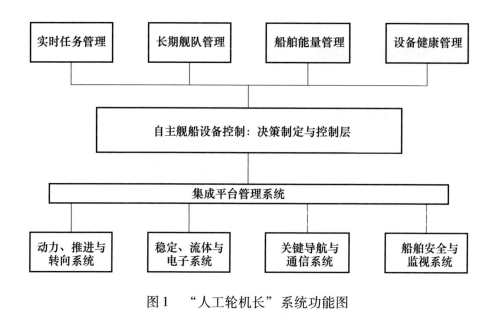

图 1 "人工轮机长"系统功能图

三、应用前景

该系统项目获得的专利显示,"人工轮机长"系统不仅可用于水面舰船,还可应用于无人潜航器,能提高无人舰艇及其编队的长期自主航行能力。未来,装配有"人工轮机长"系统的英国海军无人舰艇,将在大幅增强海军编队的远程运输补给能力的同时,有效降低补给成本。

提高远程运输补给能力:配备了"人工轮机长"系统的海军无人舰艇自主水平显著提高,能可靠执行远程运输补给任务,无须人工介入。在战时可组织大量无人舰艇组成运输编队,快速可靠地将军事物资远程运输到前线,增强战斗力。

降低补给运输成本:远程物资运输要求船员能应对天气、舰船软硬件故障等各种突发问题,但培养和使用高素质船员的成本较高,应用"人工轮机长"系统后,可大幅减少对船员的需求,从而节省海军的补给运输成本及人力消耗。

四、结束语

此次获得英国国防部资金支持,罗尔斯·罗伊斯公司将通过为期16个月的研发,进一步提高"人工轮机长"的技术成熟度,改善"人工轮机长"的人机交互与协作能力,提高决策和规划水平,以应对更复杂的作战环境。根据英国国防部的要求,"人工轮机长"未来的主要发展方向是提高复杂环境下自主航行能力,以及长时间远航的高可靠和自主维护能力。"人工轮机长"技术瞄准无人舰艇长期自主航行任务,解决了长期航行的可靠性、安全性难题,一旦成熟应用,有望大幅提高海军远程无人运输补给能力。

(中国船舶集团第七一四研究所　周智伟)

美国国防高级研究计划局海战项目综合分析

2011—2021 财年，美国国防高级研究计划局（DARPA）共设立了 30 项海战相关项目，其中在研项目 10 个，主要涵盖无人平台、海上电子信息、武器技术、"马赛克"战 4 个领域。本文梳理了这些项目的研究内容、经费投入、延续关系，以期为后续深入开展 DARPA 海战相关项目研究奠定基础。

一、基本情况

梳理近 10 年的研究项目信息发现，DARPA 设立的与海战相关的研究项目，单个项目总经费一般不超过 0.5 亿美元，持续约 3 年。

从经费总量看，2011—2021 财年，DARPA 只有"远程反舰导弹"1 个项目总经费超过 2 亿美元，5 个项目总经费为 1 亿~2 亿美元，9 个项目经费为 0.5 亿~1 亿美元，其余 15 个项目总经费不超过 0.5 亿美元（其中在研项目 3 个）。总经费超 1 亿美元的海战相关项目如表 1 所列。

从持续时间看，DARPA 海战相关项目平均持续 3 年。其中，5 个项目持续超过 5 年，9 个项目持续了 3~4 年，其余 16 个项目仅持续了 1~2 年

(其中在研项目8个)。

表1 总经费超过1亿美元的海战相关项目

项目名称	总经费/亿美元	持续时间/年
"远程反舰导弹"	2.48	5
"多方位快速防御拦截弹交战系统"	1.69	7
"反潜持续跟踪无人艇"	1.57	8
"分布式敏捷反潜"	1.33	6
"跨域海上监视与瞄准"	1.09	5
"海德拉"	1.04	4

二、海战相关项目特点

(一) 无人系统研究涵盖无人水面艇、无人潜航器、预置平台，项目延续性不强，主要开展技术验证

DARPA无人系统项目情况如图1所示。

无人水面艇重点关注中型艇，重点突破持续跟踪、自主航行、远洋编队技术，项目包括"反潜持续跟踪无人艇""无人值守船"和"海上列车"。"反潜持续跟踪无人艇"项目于2009财年启动，2017财年结束，是DARPA持续时间最长的无人系统类项目，重点研发无人艇持续反潜跟踪技术，无人艇航程达10000海里、连续航行60~90天，项目成果已转化至海军。"无人值守船"项目发展完全无人值守的无人艇，设计时不考虑任何舰员需要，区别于可有人控制、可无人自主的"反潜持续跟踪无人艇"。"海上列车"项目重点研发无人艇编队远洋航行技术，通过直接或非直接连接等方式，实现不少于4艘无人艇的编队航行。

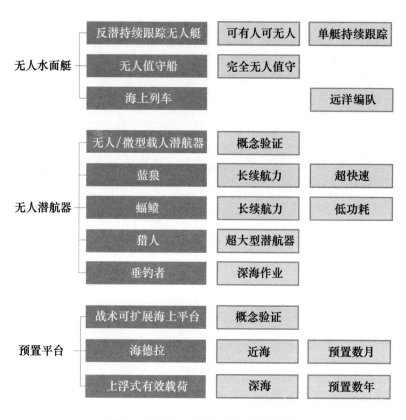

图 1 DARPA 无人系统项目情况

无人潜航器项目数量较多，重点突破动力、负载投送、深海作业技术，包括"无人/微型载人潜航器""蓝狼""猎人""蝠鲼""垂钓者"。"无人/微型载人潜航器"项目持续时间较短、经费少，研发近海作战、既可有人驾驶潜航器也可自主航行的潜航器。"蓝狼"项目在"水下快车"基础上研发，重点突破动力、减阻等关键技术，发展超长续航力、超快速的超空泡无人潜航器。"猎人"项目研发利用超大型无人潜航器投送负载的技术，利用光纤实现高带宽通信，形成模块化负载接口，从而执行原由有人平台负责的任务。"蝠鲼"项目研发长续航、大负载的无人潜航器，重点关注低功耗推进及负载、能量回收等技术。"垂钓者"项目研发带有机械臂的深海无人系统,用于搜寻、破坏敌方深海布设的海底通信线缆及各类传感器,以及深海装备的检修。

预置平台研究浅海和深海预置技术,项目包括"战术可扩展海上平台""海德拉""上浮式有效载荷"。"战术可扩展海上平台"仅持续了1年,主要利用标准商业集装箱,对深海隐蔽运载平台开展可行性验证。在此基础上,DARPA开展了"海德拉"项目,研发可在近海预置数月、隐蔽部署多种空海无人作战装备的智能水下平台。DARPA还同步开展了"上浮式有效载荷"项目(图2),研发可预置数年、数千米深海部署、必要时激活的水下平台。

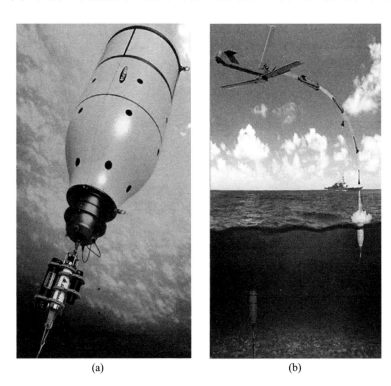

图2 "上浮式有效载荷"概念

(二)海上电子信息方面,持续发展水下探测、通信、导航技术

DARPA在"分布式敏捷反潜"项目的基础上,开展了3个水下探测项目、2个海上通信项目和1个水下导航项目，形成了海战相关研究中延续性最强的项目群。"分布式敏捷反潜"项目重点发展固定式被动声纳和移动式无人主动声纳构成的深海反潜系统；大量利用非声传感器，还可将系统扩展应用于浅海反潜。

探测方面，重点发展利用无人潜航器的声学探测技术，项目包括"虚拟声话筒系统""移动式舷外保密通信与方法""声信道战术探索"。"虚拟声话筒系统"项目利用可重构激光发射器和新型信号收集技术，研制能从激光传感器中抽取声学信号数据的传感器。"移动式舷外保密通信与方法"项目协同应用无人潜航器上的主动声纳与潜艇上的被动声纳，探索了潜艇与无人潜航器协同反潜概念。"声信道战术开发"项目参考了"移动式舷外保密通信与方法"项目的研制经验，通过综合利用无人潜航器等分布式水下声源网络的声能，改善水下信号传输，从而研制低成本水下探测、通信和定位传感器。

通信方面，重点研究海上可靠通信和异构通信技术，项目包括"战术海底网络架构"和"海上作战实时通信"。"战术海底网络架构"研制战场高可靠战术数据网络，通过光纤和浮标快速恢复战场受损的数据网络。在此基础上，DARPA开展了"海上作战实时通信"项目，开发异构海上通信架构，用于潜艇、无人潜航器、水面舰艇、飞机和卫星之间的通信。

导航方面，依托"深海定位导航系统"项目，研发不依赖卫星的水下导航技术。该项目通过在深海海域布放一定数量的声源，持续为水下装备播放精确的位置信息。

（三）高投入、长时间攻关核心武器技术，重点是无中继制导的远程反舰导弹和实时修正方向的制导炮弹

自2011年以来，DARPA重点发展了"远程反舰导弹"和"多方位快速防御拦截弹交战系统"两个项目,经费投入均超过 1 亿美元,持续时间均超过 5 年。"远程反舰导弹"项目重点发展全自主无中继制导技术,依靠先进弹载传感器和数据处理能力进行目标探测和识别,减少对外部信息源、数据链以及 GPS 信息的依赖,并具备一定的抗干扰能力。"多方位快速防御拦截弹交战系统"项目重点发展低成本中口径制导炮弹,在飞行中持续定位、跟踪、拦截高速目标,并实时变更飞行路线,对突防目标实现重新定位与拦截。这型炮弹计划配备 Mk 110 型 57 毫米舰炮,用于拦截无人机、巡航导弹、反舰导弹等中小型空中目标,提高护卫舰等水面舰艇近程防空能力。

(四)从架构、通信、侦察、负载四方面部署海上"马赛克战"项目

DARPA 共有四个项目与"马赛克战"概念相关,包括"跨域海上监视与瞄准""海上物联网""海上作战实时通信""猎人",分别从系统架构、异构通信、分布式侦察、标准化负载接口四个方面开展研究。

"跨域海上监视与瞄准"项目解决海上马赛克作战的网络架构问题,目标是将空中、水面、水下作战功能分散到多种低成本的无人平台,构建有人/无人结合的分布式、跨域、异构作战网络架构。"海上物联网"项目通过部署大量低成本智能浮标组成的分布式传感器网络,解决对大面积海域的持久态势感知问题。"海上作战实时通信"项目解决潜艇、无人潜航器、水面舰艇、飞机和卫星之间的异构通信问题。"猎人"项目研发适用于马赛克作战的模块化负载接口,从而利用超大型无人潜航器代替有人平台执行任务。

三、几点认识

(一)全方位高度重视无人自主技术应用

DARPA 高度重视无人自主技术研发,涵盖平台设计、自主性、编组、负载、组网等多个方面，现有项目 7 个，占当前项目的 70%。从平台类型看，兼顾无人艇和无人潜航器研发，重点是中型无人艇的自主性技术和编组技术，以及无人潜航器的长航时动力和水下作业技术。从负载看，聚焦无人潜航器反潜探测和负载接口，包括有人/无人协同反潜、分布式低成本水下探测、模块化负载接口技术。从组网情况看，将分散的异构无人系统纳入海战网络架构，并研发相应的组网通信技术。

（二）聚力构建有人/无人跨域异构的"马赛克海战"架构

DARPA 正在全力推进"马赛克战"概念在海战中的应用，将空中、水面、水下作战功能分散至无人系统，构建有人/无人跨域异构海战网络架构。为此，DARPA 正在重点突破分布式探测、异构通信、通用无人负载接口等技术，形成超大面积低成本浮标智能探测、从太空到海底全域通信、超大型无人潜航器以模块化负载代替潜艇功能的"马赛克海战"。

（三）瞄准当前急需，创新解决海战关键问题

针对海战中的瓶颈性和关键性问题，DARPA 主要开展了两项工作：一是针对潜艇航行时需上浮接收卫星导航信号的问题，研发深海声学定位技术，利用海底部署、已知位置的若干声源，提供较为精确的水下导航信息，减少潜艇的暴露风险；二是针对对无人机、巡航导弹、小型舰艇等中小型目标的防御需求，将制导、高精度导弹技术与高射速、大容量的火炮技术相结合，研发中口径制导炮弹，实现对多方位、多个目标的迅速精确打击能力。

（中国船舶集团第七一四研究所　马晓晨）

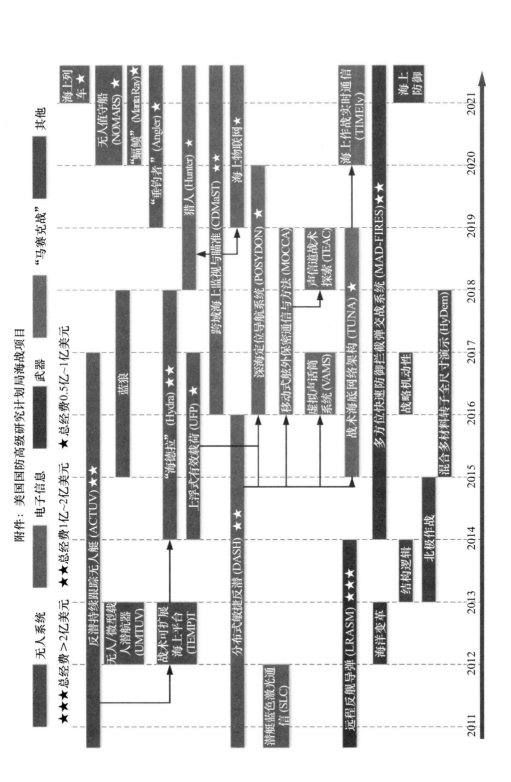

附件：美国国防高级研究计划局海战项目

美国海军舰载电磁导轨炮发展现状及暂停原因浅析

2021年7月,美国防务新闻网发布消息称,美国海军暂停了电磁导轨炮项目。电磁导轨炮曾是21世纪美国海军重点推进的舰载武器技术,经过10余年技术攻关,已完成样机研制、试验测试等工作,部分关键技术取得重大突破。然而2017年,在美国海军阶段性完成电磁导轨炮样机研制工作后,项目开始降温。

一、发展背景

冷战后,美国海军提出了"由海向陆"战略,对陆火力支援能力提出新需求,发射非增程炮弹的大口径舰炮依靠火药燃气膨胀做功发射弹丸,射程已接近极限,难以满足要求。而电磁发射技术以全新发射机理,能有效突破传统舰炮的炮口初速,进而大幅提高射程,成为满足美国海军中远期作战需求的有效解决方案。美国海军对多种电动炮概念进行了探索,如电热化学炮、电磁线圈炮等,最终选定了电磁导轨炮技术方案。

此外，综合电力系统的技术进步也为海军启动电磁导轨炮研制计划提供了支撑。2000年左右，美国海军决定研制采用综合电力系统（IPS）的新一代驱逐舰DDG1000，并在随后进行了电磁导轨炮可行性研究。结果显示，综合电力系统可为射速6~10发/分钟的电磁导轨炮所需的15~30兆瓦能量。2005年8月，海军研究局启动了"电磁导轨炮创新型海军样机"项目，将电磁导轨炮正式纳入国防预算。

二、发展历程与方式

"电磁导轨炮创新型海军样机"项目分两个阶段：第一阶段（2005—2012年），重点研制发射装置，并开展弹丸研究的部分工作；第二阶段（2013—2017年），重点研制与电磁导轨炮搭配使用的"超高速制导炮弹"（HVP），以及技术成熟等级达到5~6级的样炮。

在电磁导轨炮研制中，美国海军设立了专项国防预算支持项目研制，项目由BAE系统公司牵头，多家机构联合开展。

（一）设立专项国防预算，投资研发电磁导轨炮

美国海军电磁导轨炮的投资全部由海军国防预算投入，主要项目（表1）包括：2010财年开始，海军在"应用研究类"中为电磁导轨炮辟出PE 0602114N专项，2010—2017财年投资近1.9662亿美元进行先期技术开发；2015财年开始，又新列PE 0603925N专项，2015—2017财年投资1.0146亿美元开展先进部件与样机研制。2020—2021财年，在PE 0602792N"创新性海军样机应用研究"中列支763.2万美元，探索下一代脉冲电源和先进控制算法；在PE 0603801N"创新性海军样机先进技术研发"中列支1686.8万美元，重点研究可俯仰和回转并具备连续发射能力的炮塔，验证

利用HVP执行防空任务的能力。

表1 2010年以来美国海军电磁导轨炮预算情况 单位：万美元

财年	2010—2014	2015	2016	2017	2018	2019	2020	2021	合计
PE 0602114N	9641.2	4632.4	3394.5	1993.8					19662
PE 0602792N							763.2		763.2
PE 0603925N			4569.9	3198.0	2377.6				10146
PE 0603801N							736.8	950	1686.8

（二）BAE系统公司牵头，多家机构联合推进关键技术成熟

海军电磁导轨炮由BAE系统公司牵头研发。美国海军电磁导轨炮项目由国防部长办公室（OSD）、N96水面战办公室（OPNAV）和海军研究局（ONR）负责项目管理和投资（图1）。

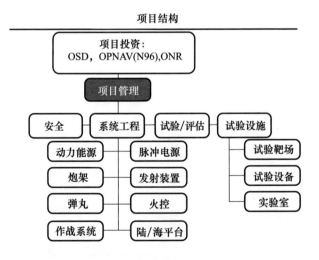

图1 美国海军电磁导轨炮项目管理结构

电磁炮项目第一阶段由BAE系统公司研究团队和通用原子公司研究团队竞标。2012年，两团队各向美国海军交付了一门电磁导轨炮样炮，且都达到了炮口动能32兆焦的技术指标，标志着项目第一阶段研制工作结束。

2013年6月，美国海军宣布"电磁导轨炮创新型海军样机"项目第二阶段正式启动，并指定BAE系统公司为这一阶段的主承包商，其他承研机构包括：BAE系统公司（主要负责研发电磁炮发射装置）、通用原子公司、雷声综合防御系统公司、L-3通信应用技术公司、K2能源解决方案公司，主要负责研发脉冲电源；海军水面战中心、海军研究实验室多个分部、得克萨斯大学先进技术学院等作为负责基础研究和试验的关键机构，长期参与美国海军电磁导轨炮关键技术攻关（表2）。

表2 美国海军电磁导轨炮研发承包商及其任务分工

承包商		任务分工
总承包商	分承包商	
电磁导轨炮第一阶段（2005—2012年）		
通用原子公司	波音公司、L-3通信应用技术公司、杰克逊工程公司、材料厂商斯巴达公司	脉冲电源和发射装置
BAE系统公司	国际科学应用公司、柯蒂斯·怀特电机公司电磁分公司、IAP研究所、得克萨斯大学先进技术学院	发射装置
电磁导轨炮第二阶段（2013年开始）		
BAE系统公司		发射装置
通用原子公司、雷声公司、L-3通信应用技术公司		电容器组脉冲电源
K2能量解决方案公司		电池临时储能装置
L-3通信应用技术公司		储能技术
关键技术攻关		
水面战中心达尔格伦分部		导轨炮样机、场地试验
海军研究实验室等离子物理分部		储能装置、导轨材料
海军研究实验室材料科学与技术分部		导轨材料
法-德圣路易学院		导轨材料
得克萨斯大学先进技术学院		储能装置及电力传输技术

三、已有成果

美国海军在研制舰载电磁导轨炮过程中,突破的关键技术包括高功率密度储能装置,高强度、耐烧蚀的导轨材料,高超声速制导炮弹技术等。

(一) 高功率密度储能装置

与电磁弹射器采用交流电制不同,电磁导轨炮在两导轨间通以直流电,因此美国海军选定以电容器为基础构建电磁导轨炮的储能装置。储能装置需在几秒内完成充电,在几毫秒内完成放电,电制需要符合舰上电力系统要求,电源体积也需满足舰艇平台要求。目前,试验用的单发电磁导轨炮采用的储能装置为通用原子公司的商用电容器组。

根据美国海军构想,储能装置将以模块化的高能脉冲电源储箱(HEPPC)的形式安装上舰(图2)。共有3家承包商研发了HEPPC样机,分别是雷声公司、通用原子公司、L-3应用技术公司。2016年5月,雷声公司向美国海军交付首批HEPPC;2017年3月,通用原子公司完成HEPPC制造,尺寸与标准10英尺船用集装箱相同,内含多个电容器储能模块,每个模块的储能超过415千焦,储能密度较同类产品提高了一倍。

(a)

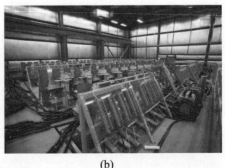
(b)

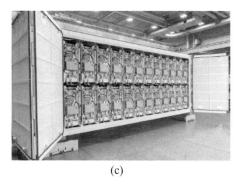 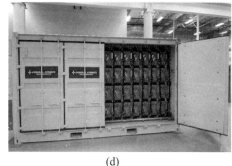

(c)   (d)

图 2 电磁炮脉冲成形网络和电容器储箱

为避免由舰上电网直接向电容器组供电，降低充电过程对舰艇电网造成的冲击，美国海军研究实验室联合得克萨斯大学先进技术学院，研发了以锂离子电池为核心的中继充电系统。2016 年初，美国海军选定 K2 公司作为该系统中锂离子电池的供应商。

（二）高强度、耐烧蚀的导轨材料

电磁炮发射时，两条导轨和电枢间通以兆安级的巨大电流，电枢的剧烈摩擦在导轨上产生数百兆帕的应力，巨大的电流和滑动摩擦力使导轨温度极高。导轨与电枢之间的滑动接触也会产生熔融和磨损，并在相对运动中将熔化和未完全熔化的材料剥离，给炮弹初速提升带来很大阻力，严重时甚至导致轨道失效；导轨还面临盐海上盐雾腐蚀的影响。因此，舰载电磁导轨炮的导轨材料需具有表面抗磨、耐电弧烧蚀、耐盐雾腐蚀等特性。

从已掌握的资料看，美欧研制的电磁轨道炮样炮或试验装置使用的导轨材料普遍为铜合金或铜基复合材料，兼具导电性极好、成本低、高强度等特性，具体包括 OFHC（无氧高导电性铜），弥散强化无氧铜和 MZC（Mg、Zr、Cr 铜合金）等。美国海军试验使用的导轨材料为 Glidcop Al-25，是一种弥散强化无氧铜（纳米氧化铝弥散强化的铜合金），具备高强度、高导电性和良好的抗高温软化能力，但由这种材料制备的导轨在两次发射间必须进行清洗与打磨等修复处理，难以满足实用性要求。

对于铜基复合材料，强度与导电性呈负相关，即提高导电性必然带来强度的降低；反之亦然。因而，实现铜基复合材料高强高导性能长期是电磁轨道炮导轨材料的研究方向。科技文献显示，国外研究的 Cu 基复合导轨材料主要包括 Al_2O_3/Cu、SiC/Cu、MoS_2/Cu、TiB_2/Cu、石墨/Cu 等。其中，Al_2O_3/Cu 复合材料是一种新型功能结构材料，具有优良的综合物理性能和力学性能，其理想状态下电导率大于 90% IACS 且强度超过 500 兆帕，抗高温软化温度在 870℃以上；美国研究人员制备的 TiB_2/Cu 复合材料，经冷挤压加工后强度可达 675 兆帕，软化温度达 900℃，是一类高强度、耐高温合金，也有望用作导轨材料；石墨微粒具有良好的自润滑性、高熔点、抗熔焊性好和耐电弧烧蚀能力，石墨/Cu 复合材料也成为国外电磁炮导轨材料的研究方向之一。

（三）高超声速制导炮弹

高超声速制导炮弹（HVP）是美国海军研发的一种可兼由电磁导轨炮和传统火炮发射的通用化、低风阻、多任务、低成本炮弹。这种炮弹不安装火箭发动机，仅利用低阻外形实现超高速远程飞行，并通过闭环火控指令制导系统、紧凑型 GPS 制导装置及姿态控制系统实现精确打击，可执行防空反导、对陆对海打击等多种任务。

2014 年，BAE 系统公司展出了 HVP 的设计模型（图 3）：尾部有 4 片弹翼，其中 2 片为固定弹翼，2 片活动弹翼用于控制炮弹飞行；采用次口径通用弹体，通过配置外径不同的 4 片铝制弹托（未来可能采用更轻的碳纤维复合材料）适应不同口径的火炮，包括电磁导轨炮、海军 127 毫米 Mk45 型舰炮、155 毫米"先进舰炮系统"以及陆军 155 毫米榴弹炮。HVP 采用

GPS+闭环火控指令制导，有动能和高爆两种战斗部。动能战斗部装药不超过0.1千克，采用触发引信，撞击目标后，战斗部在目标内部爆炸形成破片，杀伤目标，可用于防空反导；高爆战斗部装有约0.9千克高爆炸药，采用近炸引信，炮弹在空中爆炸形成破片，杀伤目标，可用于打击水面和地面目标。

图3　BAE系统公司展出的HVP模型

注：自上而下分别由127毫米舰炮、155毫米舰炮、电磁导轨炮发射。

美国国防部和海军就HVP的具体研究进展高度保密，仅有美国海军学院网在2019年1月有过报道，美国海军在2018年夏季举办的军事演习中秘密试射了20枚HVP，成功验证了炮弹在真实海洋环境下的发射和飞行性能。但美国海军官方对此报道未做评价。

（四）装填机构

研发电磁导轨炮装填机构是美国海军"电磁导轨炮创新型海军样机"第二阶段的重要任务之一，由BAE系统公司承担。目前，尚未检索到装填机构所涉及的关键技术，但从美国海军公布的试验视频中可以分析出其运行流程。

根据视频中的信息,具备连续发射能力的电磁导轨炮样炮目前已运至海军水面战中心达尔格伦分部,并开展了连续发射试验(图4)。样炮的炮弹存储于炮管下方的圆柱形弹鼓内,装填时,炮弹被装入扬弹机,扬弹机随后开始转动,当扬弹机转至指定位置后,装填装置将扬弹机内部的炮弹推入炮膛,完成装填。随后,扬弹机复位,并装入下一发炮弹(图5)。脉冲电源充电过程与装填过程同步,充电时间约10秒。

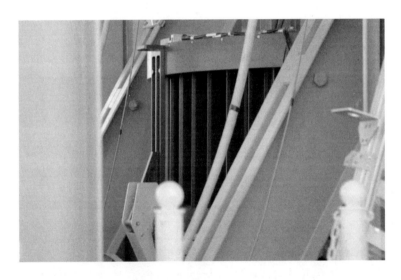

图4 美国海军水面战中心达尔格伦分部电磁炮样炮的弹仓特写

(五)热管理技术

美国海军在2005年左右以64兆焦炮口动能的电磁导轨炮(发射质量20千克,初速2500米/秒,口径135毫米×135毫米,导轨长12米)为模型,分析了单次发射后的能量分布。结果显示,以电容器组做脉冲电源的电磁导轨炮系统的能量利用率为25%~40%(图6),因此发射过程中有很大一部分能量将转化为热能,或以电磁能的形式存储在感应线圈中。

图 5 电磁炮装填过程（图中圈所示）

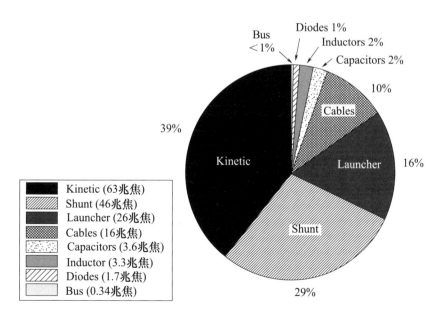

图 6 电磁导轨炮单次发射后的能量分布

之后，又以达尔格伦分部的32兆焦炮口动能样炮为基础，分析了单次发射后各部件的温度及表面热流变化（表3）。

基于上述分析，美国海军研究人员认为，由于电容器组和母线热通量较高，采取简单的空气冷却即可执行大量发射任务，无须其他冷却措施；当电磁炮系统以某一稳定发射速度连续运行时，系统内的电感、二极管、晶闸管、线缆等需主动冷却，如长30米的线缆可产生1.6兆瓦的热功率，考虑其几何外形，需主动空气冷却。

表3 电磁导轨炮各主要部件热量变化

部件	能量沉积/千焦	质量/千克	比热容/焦/（千克·升）	温度变化/℃	热通量/（千瓦/米^2）
电容器	3.48	140.2	1509	0.013	0.21
电感	102.1	350	414.5	0.7	11.2
母线	8.0	46	903	0.19	0.16
二极管	1.88	2.8	385	2.21	9.9
晶闸管	1.63	2.9	385	3.28	10.4
线缆	8.2千焦/米	2.7千克/米	385	7.9	10.3

四、暂停原因研判

（一）性能指标不适应"大国竞争"

电磁导轨炮的设计初衷是支撑美国海军"由海向陆"战略，提供低成本、低附带损伤的远程对陆火力支援能力，其战场运用的前提是美国海军掌握了绝对的海空优势。但随着美国海军启动"回归制海"战略调整，其作战重心转向与"大国竞争"对手争夺远海制海权。在这种背景下，电磁导轨炮已不再适用于未来的高端海上对抗。另外，随着射程200千米以上的中远程反舰巡航导弹装备技术持续扩散，电磁导轨炮200千米的最大射程也无法确保舰艇可在安全距离上实施对陆火力支援。此外，目前仅舰船满足电磁导轨炮搭载条件，即使电磁导轨炮成功列装，短期内也难以形成规模化作战能力。

（二）尚有多项关键技术未取得突破

根据美国海军官员透露，美国海军电磁导轨炮样炮目前仍有部分关键技术需要攻破。一是导轨寿命不足，目前的样炮发射10~20发炮弹后就需更换导轨，相较于传统火炮炮管600发的寿命，实用性极差；二是储能系统体积和重量大，通用原子公司公布的模块化高能脉冲电源储箱尺寸与标准的10英尺集装箱相同，需3~5个HEPPC才可支撑32兆焦电磁导轨炮发射一枚炮弹，对舰上空间要求极高，舰艇改装难度大。据美国海军估计，解决上述技术难题仍需大量时间和经费。

（三）其他新型武器进展快于电磁导轨炮

一是"超高速制导炮弹"，这种炮弹原为电磁导轨炮专门研制，但在之后的发展过程中也具备了有127毫米、155毫米舰炮等发射的能力，射程可达26~41海里（由127毫米舰炮发射）或40海里（由155毫米舰炮发射），兼具反舰、对陆打击、中近程防空和末段反导能力，虽性能指标较电磁导轨炮有所下降，但也可满足未来海战需求；二是高超声速导弹，美国海军正联合陆军全力研制射程约3000千米的助推滑翔式高超声速导弹，预计2025财年即可装舰使用；三是舰载战术激光武器，美国海军正在测试多型舰载激光武器样机，输出功率覆盖数千瓦至150千瓦，已具备在中近距离上对无人机、无人小艇实施软、硬杀伤的能力，计划在2025年左右具备对反舰巡航导弹实施硬杀伤的能力。相较于继续投资电磁导轨炮开展关键技术攻关，向上述新型武器装备倾斜资源、加快战斗力生成，更符合高端海战条件下的作战需求。

五、结束语

美国海军通过创新性海军样机项目研发舰载电磁导轨炮样炮，并在电力电子器件、舰艇储能、导轨材料等方面取得了显著进展。虽然受作战需求影响，电磁导轨炮很可能短期内将不再是美国海军的研发重点，但美国海军在上述技术领域获得的大量技术积累仍值得高度关注，舰载电磁导轨炮仍具备在短时间内转化成武器装备的潜力。

（中国船舶集团第七一四研究所　白旭尧）

美国海军激光武器计划进展与发展趋势

2021年12月16日,"波特兰"号两栖船坞运输舰搭载测试的激光武器系统验证机(LWSD)进行发射试验,成功击中海上漂浮靶标和一艘小艇,初步验证了150千瓦级激光武器打击来袭小艇的能力,这表明美国海军激光武器研制再次取得重大进展。激光武器具有能量传输速度快、作战灵活性好、抗饱和攻击能力强、杀伤效果多样化、使用效费比高等特点,可广泛搭载在驱逐舰、两栖攻击舰、装甲车、卡车、战斗机、直升机、无人机等平台上,也可成为独立作战系统,在未来战争中具有独特优势,已成为各国竞相发展的重点。为实现在未来战争中继续保持武器装备和关键技术的优势地位,实现"第三次抵消战略"的颠覆性创新制衡目标,美国海军将激光武器视为"改变战争规则的未来武器",大力支持激光武器发展,积极推动走向实战化,居于世界领先地位。

一、美国海军激光武器计划进展

鉴于搭载平台各不相同,作战需求多样,技术要求各异,美国国防部和各军种竞相发展各自的激光武器系统,并已取得显著成果,研制出多款激光武器系统样机。从美军目前激光武器发展情况看,海军舰船容易解决载重、热管理和电力等问题,舰载激光武器发展最为迅速,即将形成作战能力,海军将成为美军第一个部署激光武器的军种。美国海军的激光武器计划既包括防御型的近程激光武器,也包括远程反导攻击型的大型激光武器。激光武器项目2020年度的研发预算达到3亿美元,居美国海军所有研发项目的第五位,显示出美国海军对激光武器发展前景的重视。

一是低能激光武器进展顺利,开始批量上舰列装。根据美国国防部的定义,低能激光武器的平均输出功率小于20千瓦,因此对于对舰艇电力、空间要求低,技术难度较小,成为最先装舰实战部署的激光武器。继2020年为"斯托克代尔"号、"斯普鲁恩斯"号驱逐舰加装海军光学眩目拦截器(ODIN)激光武器之后,美国海军认为该系统性能良好,达到预期目标,适合装载于水面战舰,因此决定于2021年7月开始为5艘"阿利·伯克"驱逐舰全面加装AN/SEQ-4型激光海军光学眩目拦截器,未来还计划将其安装在两栖船坞运输舰和近海战斗舰上,甚至有可能安装在航空母舰上。海军光学眩目拦截器是由美国海军研究局组织海军水面战中心达尔格伦分部研发的一种低功率激光拦截系统(图1),主要利用激光束让无人机、光学/红外制导武器(如反舰巡航导弹)的传感器和摄像头不能正常工作,或者使有人飞机的飞行员瞬间致盲失去战斗力,从而实现对导弹、无人机、有人机的防御,外形结构紧凑,便于安装在舰艇的甲板或上层建筑上。

二是高能激光武器陆续上舰测试。美国海军目前有两种中功率激光武器逐步成熟,安装到军舰以验证实战能力:一种是功率150千瓦的激光武器系统验证机,该系统是美国海军"固态激光技术催熟计划"(SSL-TM)的成果,2019年秋季安装在"波特兰"号两栖船坞运输舰进行技术演示,将持续到2022年，并在2023年初拆除。技术成熟后，美国海军计划将其安装在"阿利·伯克"级驱逐舰上，争取2025年前具备初始作战能力。另一种是功率60千瓦的高能激光与一体化光学眩目监视（HELIOS），2021年装备到"普雷布尔"号驱逐舰进行与"宙斯盾"作战系统的集成与测试。该系统为"舰载激光武器系统"（SNLWS）计划的第一个阶段，是第一种将高能激光与远程情报、监视和侦察功能相结合的武器，主要用于反无人机，也可用于对抗小型船只。高能激光与一体化光学眩目监视采用光纤激光器和光谱合束技术。洛克希德·马丁公司认为："HELIOS项目是同类系统的首创，将激光武器、远程情报监视和反无人机能力结合在一起，极大地提高了美国海军的态势感知能力和分层防御能力。"

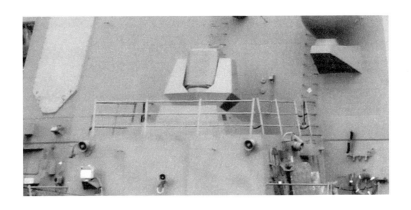

图1 海军光学眩目拦截器样机

三是全力推进对抗反舰巡航导弹的高能激光武器。打击反舰巡航导弹是美国海军高能激光武器计划的远期目标，是高能激光武器完全实战化的重要标志，是实现变革海上作战样式的根本体现。可以说，美军之前的技术积累就是为了实现激光防御反舰导弹。美国海军近年来加速推进"高能激光对抗反舰巡航导弹"（HELCAP）项目，充分利用以往研究项目的经验，如激光武器系统验证机系统的高功率激光和光束控制方案、高能激光与一体化光学眩目监视与宙斯盾作战系统的集成、海军光学眩目拦截器系统的光束定向器、反情报监视侦察技术和作战运用经验，发展可"硬杀伤"反舰巡航导弹的激光武器系统。美国海军 HELCAP 项目 2021 财年的经费达到 6750 万美元，重点是研制功率达 300 千瓦的激光源，计划 2022—2023 财年开展试验验证。

二、美国海军激光武器发展趋势

尽管激光武器发展迅速，但与实战化仍有一定差距，与常规武器相比，当前的激光武器在杀伤效果和作战性上还没有替代性优势，单发成本的优势与研发和部署的投入相比并不明显，不具备全天候作战能力，预计未来美国海军激光武器将向以下方向发展：

一是继续提高发射功率，推动激光武器实战化。根据计算，要实现摧毁飞行中的目标，有效射程达到 10 千米以上时激光功率要达到 1 兆瓦以上。目前武器系统的激光功率都不超过 300 千瓦，作战距离在几千米以内，主要是以防御为主，打击目标主要是小型无人机、水面小型快艇、迫击炮及低空和掠海飞行目标，充当中近程防空武器系统。根据美国海军 2015 年发布的激光武器研究路线图，2022 年的目标要达到 300 千瓦，最终目的是在 2025 年后达到 1 兆瓦的目标，实现防御反舰导弹的目标。美国国防部定向能主管詹姆斯·特雷贝斯 2021 年 3 月表示，国防部正在资助 4 家公司研制 300 千瓦的激光器，预计将在 2 年内完成，之后将继续用 2~3 年的时间研制 500 千瓦激光器，进而研制兆瓦级激光器。

二是突破高能激光舰用化关键技术，提高核心部件技术水平。成熟可用的激光武器系统应能达到光源能量高效、跟踪系统稳定可靠、冷却系统小巧、增益介质无毒无害的目标，当前的高能激光武器系统仍停留在样机演示阶段，美国海军在提高发射功率的同时，重点解决高能激光上舰的工程化问题，包括提高光束质量，提升战场目标发现、锁定、毁伤的持续跟踪能力，减小体积和重量，这需要在光束合成技术、储能及电源管理技术、高效散热技术、大气传输补偿技术、跟瞄发射系统的舰艇适装性等方面实现突破。

三是各型激光武器相互协同，构建全维舰艇防空体系。美国海军发展的激光武器目前仅实现对无人机、小艇等低、慢、小目标的防御，实战价值有限。未来随着技术的进步，美国海军将构建起覆盖远、中、近程的全维防御武器，不仅能实现对传感器的软杀伤，也能对来袭导弹、飞机实现硬杀伤，从而成为舰艇防空的主要火力，真正成为改变海上作战样式的革命性武器。

三、基本认识

激光武器作为美国海军的优先重点发展装备，实用化程度正在不断提高。

一是未来 10 年美国激光武器将陆续进入实战部署。美国海军从 20 世纪起就不断探索激光武器的应用，提前开展技术探索，全面布局光纤、化学、液体、固态、自由电子等多种模式的激光武器技术验证，并于 2015 年制定了激光武器发展技术路线图，武器研制项目呈"多点开花"态势，随着技术的不断成熟，多个项目已经研制出系统样机，并进入舰上集成与测试阶段。以 2021 年海军光学眩目拦截器系统批量上舰部署为标志，美国海军激光武器将进入快速发展、全方位部署与实战应用阶段。美国海军首先部署能够有效对抗传感器和小型舰船和小型无人机的低能激光武器,作为舰载电子战系统的有效补充,随着科技的不断发展,高功率激光武器研发中遇到的问题将逐步攻克,必会在对抗无人机"蜂群攻击"、高超声速武器拦截、应对饱和打击、反导反卫星等方面展现出其独具的超强能力。

二是激光武器与传统武器的融合运用应是未来发展方向。未来战场态势动态多变,单一武器系统克敌制胜难以胜任,激光武器和传统武器集成是对付饱和攻击的有力解决方案。美国海军将激光武器和"密集阵"系统、"宙斯盾"系统结合运用是融合运用的有益探索,激光武器与舰艇平台的指挥控制系统、远程情报监视系统、舰炮、导弹等的配合使用将成为未来的选择方案。美国空军作战司令部司令赫伯特·卡莱尔认为,激光和传统武器的混合使用会"在今后20至25年完全改变战争空间"。

然而,美国海军激光武器全面部署应用仍存在不确定性。虽然美国海军激光武器实用化走在各国前列,并将初步实现实战部署,但目前的进展已明显滞后于2015年的技术路线图,部署计划也是一拖再拖,部分关键技术仍有待改进。美国国防部负责采办与技术的副部长弗兰克·肯德尔曾指出:"定向能是一种总是差5年就成功的技术。"美国海军未来何时能形成激光武器全面作战能力仍未知。

(海军研究院 沈阳)

美国海军利用"实况－虚拟－构造"技术加速舰载机飞行员培训

2021年4月,美国海军首批19名飞行学员在科珀斯·克里斯蒂海军航空站第4航空训练联队完成"复仇者计划"第一阶段飞行员培训任务。"复仇者计划"是美国海军针对初级飞行培训阶段的概念验证项目,旨在利用"实况－虚拟－构造"(LVC)技术改善飞行员培训,将舰载机飞行员初级飞行培训周期从29周缩短至12周。

一、背景情况

在"大国竞争"战略及中东地区局势紧张的背景下,美国海军部分航空母舰编队在过去5年中超负荷运行。这种超负荷状态既影响飞行员工作状态,又会缩短飞行员职业寿命,导致部分飞行员提前退役。然而,目前美国海军飞行员招募困难,加剧了飞行员数量不足问题。此外,超负荷状态减少了航空母舰等用于训练的时间,导致飞行员培训时间延长,降低了培训效率。同时,海军航空训练司令部(CNATRA)审查了初级飞行训练课程，发现飞行员培训周期相对较长，如初级飞行训练阶段持续时间大约29周，且课程设置将近50年未调整。

为此，美国海军在2016年《海军航空兵愿景》里明确提出，飞行员培训需借助先进的训练装备、新的训练方法与工具，统筹考虑专业发展、飞机飞行时间、靶场资源和模拟器的使用以及人员生活质量。"实况－虚拟－构造"技术将真实作战飞机与地面模拟器、计算机生成的场景组成，利用虚实结合的场景模拟飞行员可能遇到的作战场景，培训所需的技能，从而减少对实战装备和实战训练的需求，缩短培训周期。

二、发展情况

2020年9月，美国海军航空训练司令部启动名为"复仇者计划"的飞行员训练项目，开始利用"实况－虚拟－构造"技术加速飞行员培训。

（一）分阶段将"实况－虚拟－构造"技术用于飞行员培训全周期

"复仇者计划"大体可分为3个阶段：

第一阶段于2020年9月启动，原计划为期3个月，主要工作是对T－6B教练机建模，并根据现有教学大纲，借助"实况－虚拟－构造"技术，缩短初级飞行训练阶段的培训时间，学员毕业后仍按传统课程接受更高级的培训。受美国超级低温和新冠疫情影响，首批19名学员于2021年4月1日才完成培训。

第二阶段于2021年开始实施，主要目标是提升沉浸环境的复杂程度，以及触感反馈。

第三阶段计划将培训模式用于全周期培训，在飞行员培训的全周期应用"实况－虚拟－构造"技术。

(二) 应用"实况-虚拟-构造"技术优化培训流程

"复仇者计划"采用头戴显示系统,以小班教学方式,同时对多名飞行员进行培训;头戴显示系统集成了虚拟现实眼镜、摄像头等,组成混合现实系统,让飞行员可以同时看到手、操作座舱中的实体按键、虚拟战场环境等。学员随时可用头戴显示系统观看沉浸式三维视频,学习真实世界中的飞行训练技能,如引擎失速或从急转弯中恢复等,不必等待使用数量有限的高保真飞行模拟器。

(三) 持续升级虚拟现实设备助力计划快速实施

美国海军头戴显示系统的虚拟现实眼镜为芬兰影子技术公司的"影子"(Varjo) XR-1混合现实(MR,也称XR)眼镜。"影子"XR-1使用分辨率为60像素/(°)的仿生显示屏,有两个1200万像素、具备3D感知和遮挡识别功能的摄像头,可在混合现实和全虚拟现实模式间切换。目前,芬兰影子技术公司已推出更新的"影子"XR-3眼镜,通过超宽的非球面透镜、自动瞳距(IPD)调节降低眼部的不适;其RGB摄像头和激光雷达传感器可实时准确地将房间、物体、身体和手与真实物体相结合,混合现实深度范围从40厘米~5米。该设备的人眼分辨率超过70像素/(°),有115°的视野;内置200赫眼动跟踪,可捕获最小眼动,以进行人机功效评估;设备质量594克,另加386克的头带,未来可与飞行员头盔结合,并进行配重。美国海军计划采用"影子"XR-3替代现有"影子"XR-1,以提高"实况-虚拟-构造"技术的使用效果。

三、应用价值

"复仇者计划"引入"实况-虚拟-构造"技术的价值主要体现在三个

方面：第一，通过混合现实训练器与现实飞行控制相结合的方式，学员可以在进入初级训练阶段教练机 T-6B 前即可深入熟悉飞机；第二，学员可同时完成多个学习阶段，而不必按照传统培训模式依次完成各个学习阶段；第三，"实况-虚拟-构造"技术的引入，为飞行学员评估提供了大数据支持，并可基于此对针对性优化学员的培训流程。典型的案例是，"复仇者计划"中"实况-虚拟-构造"训练的加入并没有减少飞行员实装飞行的总小时数，但可以让部分学员有资格提前进行首次单飞。在传统计划中，学员在前 12 架次飞行中都需 1 名教员在旁指导监督，直到被评为"单飞安全"，他们才可从第 13 架次开始单飞。但在"复仇者计划"第一阶段课程中，大数据分析认为部分飞行学员第 5 架次飞行后就具备了单飞条件，因此他们可以从第 6 架次开始单飞。

四、几点认识

（一）"实况-虚拟-构造"技术可提速舰载飞行员培养

在"大国竞争"战略背景下，空中打击能力成为未来高端对抗的关键。但不论是美国海军还是空军，都发现了在飞行员培训方面出现的"产能"不足问题。与此同时，随着新型装备大量列装，装备变得更复杂、更强大，会进一步加剧"缺人不缺飞机"的问题。在现有飞行员培养模式及手段不变的情况下，飞行员培训周期及成本都将增加。"实况-虚拟-构造"技术可减少对真实设备、实战训练的需求，有效缩短舰载飞行员初级阶段培训周期。

（二）"实况-虚拟-构造"技术有助于提升培训效果

利用"实况-虚拟-构造"技术训练飞行学员，可以获得大量人员学习数据,再利用大数据技术分析学员的学习情况,利用人工智能算法评估学员各方面表现,指出学员存在的个性问题,为教员提供针对各学员的个性化关解决方法,从而更精准地提升培训效果。此外,通过大数据分析找出学员学习过程中的薄弱点,再在实装上进行有侧重的训练,可进一步提高训练效果。

(三)"实况–虚拟–构造"技术可帮助舰载飞行员提前适应新技术

美国海军一直致力于研发加快飞行员培训、提高飞行员操作熟练水平的新技术,"实况–虚拟–构造"技术的引入有利于飞行学员提前学习、适应这些新技术。比如,着舰科目是对舰载机飞行员最大的挑战,为简化舰载机着舰时飞行员的操控难度,美国海军提出"魔毯",以降低飞行员操作难度,并提高舰载机着舰精度和安全性。将"魔毯"这项新技术以虚拟现实的方式融入飞行学员的日常训练,可让飞行学员提前直观地接触、了解这种新的着舰技术,为后续实践提供理论支撑。

(中国船舶集团第七一四研究所　苏翔)
(中国航空工业发展研究中心　何晓骁)

美国海军舰艇电力与能源技术最新进展

2021年8月，第九届IEEE船舶电力推进技术研讨会在美国弗吉尼亚州举行。与会人员发表的60篇论文中有39篇得到美国海军研究局资助或直接由海军科研机构发表，集中展示了美国海军舰艇电力与能源技术的最新进展。总体来看，美国海军舰艇电力与能源技术研究正按照2019版《海军电力与能源系统技术发展路线图》（以下简称路线图）规划进行，并在变换器、储能、故障检测、绝缘、先进配电、智能电网等领域快速发展。

一、发展背景

2019年6月，美国海军海上系统司令部电力舰办公室发布新版《路线图》指导海军电力与能源技术发展。在2019版《路线图》中，美国海军细化了作战舰艇未来对电力与能源系统的需求，提出了综合电力与能源系统的发展重点和目标：解决高功率负载对舰艇电网的冲击；提高舰艇电网灵活性、耐久性、集成度和智能化水平；降低高战备条件电力系统维护工作量；研发中压直流舰艇电网。

根据2019版《路线图》，美国海军研究局资助多家高校与科研机构开展舰艇电力与能源技术研发，研究进展呈现出以下特点：一是加大了系统集成的研究力度，通过计算、建模、仿真、硬件在环实验等促进储能、先进绝缘技术的发展和应用；二是中压直流领域取得技术突破，1千伏固态直流断路器达到实用化水平；三是注重智能电网建设，探索用于舰艇电网的数字孪生技术、人工智能故障检测技术、变换器预测控制技术等。表1列出了总体情况概述。

表1 总体情况概述

技术领域	研究机构
变换器	弗吉尼亚理工学院、佛罗里达州立大学
储能技术	麻省理工学院、水面战中心等
故障检测技术	得克萨斯州大学达拉斯分校等
绝缘技术	康涅狄格大学、佐治亚理工学院等
先进配电技术	佛罗里达州立大学、瑞典ABB公司
数字孪生技术	南卡莱罗纳大学

二、发展动向

综合分析本次会议的39篇论文可以看出，美国海军的舰艇电力与能源技术在模块化变换器、储能、故障检测、绝缘、配电、建模仿真方面取得了较大进展。

（一）模块化变换器

模块化变换器具有结构简单、控制方法灵活、易于拓展等优点，其概念由美国海军研究局率先提出，现阶段聚焦变换器结构优化与先进建模方法开发。

弗吉尼亚理工学院采用分层优化方法，改进了中压模块化变流器的电感和开关设计，降低了系统重量，提高了效率。佛罗里达州立大学提出一种兆瓦级模块化多电平变换器的建模方法，可在未知变换器内部拓扑和控制策略的情况下，通过测量直流侧阻抗和阶跃响应推导出变换器的平均值模型，并通过硬件在环仿真和2000次实验对模型可靠性进行验证。

（二）储能技术

美国海军高度重视储能技术发展，其舰艇电网设计思路已由"综合电力系统"发展为"综合电力与能源系统"，突出了以储能为核心的能量仓概念。2019版《路线图》提出要将能量仓与分布式储能、能量管理技术结合，并将提高电池寿命与安全性作为研究重点之一。

在能量管理策略方面，弗吉尼亚理工大学充分考虑舰艇电网负荷的不确定性，提出基于模型预测控制的能量管理策略，优化发电机和储能系统之间的功率分配。水面战中心以配备能量仓的舰艇电网为研究对象，在能量管理策略中增加供电优先级计算模块，根据能量仓状态信息和优先级权重信息确定当前时刻的供电优先级。当舰艇发电系统输出功率不足时，能量管理策略依据优先级计算模块的输出结果，调整能量仓的输出功率；同时，传感器将能量仓状态信息反馈给优先级计算模块，对供电优先级进行动态调整，始终保证优先级较高负载的供电可靠性。

在电池寿命与安全性方面，麻省理工学院研究了电池储能系统的电压一致性问题，提出分别由共漏极连接的场效应管和共源极连接的场效应管组成的两种串联电池均压电路，在两个电池单体串联时，可平衡0.4伏的电压差，提高了电池的使用寿命。水面战中心为电池管理系统设计了一款锂离子电池模拟器，该模拟器最多可模拟264串/1000伏的锂离子电池模组，并可实时、快速、安全地调整电池单体的荷电状态,模拟多种电池工况。测试结果表明,锂离子电池模拟器安全性好,可靠性高,适用范围广,提高了电池管理系统的研发与测试效率,降低了成本。

(三) 故障检测技术

舰艇电网设备耦合紧密、母线电压等级高,一旦发生故障会在短时间内波及甚至击穿电气设备,因此,2019版《路线图》中提出舰艇的配电系统应能快速检测并定位故障。

美国海军在故障检测技术领域的研究涵盖舰艇中压交流电网和中压直流电网。得克萨斯州大学达拉斯分校以13.8千伏/50赫、8母线中压交流舰艇电网为研究对象,提出基于深度学习的电网故障检测、分类和定位方法。该方法利用模拟故障数据对模型进行训练和测试,以母线电压异常变化为故障判断依据,并考虑了负载变化和噪声对模型性能的影响,将故障识别准确率提升至99%。威斯康星大学密尔沃基分校以中压直流舰艇电网为研究对象,准确描述了直流舰艇电网的线对地故障。

(四) 绝缘技术

2019版《路线图》强调,要加大系统集成的研究力度,将发电、储能等系统集成至舰艇平台。舰艇电气设备绝缘失效可导致火灾、触电等严重后果,是系统集成的一个技术难点,为提高绝缘技术水平,缩小绝缘设备体积,美国海军重点开展了绝缘材料、局部放电机理等研究。

在绝缘材料方面,康涅狄格大学提出一种用于先进感应电机定子绝缘的二维纳米结构材料。与传统云母绝缘材料相比,二维纳米结构材料具有以下优势:一是介电强度高达4千伏/毫米,约为传统材料的1.5倍;二是可靠性高,使用寿命长,可通过400小时的耐久性试验(相当于正常工作30年);三是导热性能好,约为传统材料的2.8倍,由于过高的定子绕组温度是限制电机输出功率重要因素，因此二维纳米结构材料还可将先进感应电机的转矩密度提升14%。

在局部放电方面，弗吉尼亚理工大学研究了电气设备制造缺陷对局部放电的影响，提出当设备存在微小的绝缘缺陷时，千伏级别的电压即可导致绝缘击穿；还提出一种用于识别局部放电的神经网络，以7种场景中的测量值为输入、神经网络输出为可反映局部放电情况的图像，识别精度达80%。佐治亚理工学院研究了圆柱形垫片表面电荷分布特性及其对闪络电压的影响，总结出35千伏充电电压下表面电荷分布及其随时间的衰减规律，并指出在充电电压为15千伏时，圆柱形垫片的表面闪络电压最高。

（五）先进配电技术

美国海军在2019版《路线图》中明确提出将开展1千伏固态直流断路器和先进电缆技术研究。

在固态直流断路器领域，瑞典ABB公司提出一种适用于舰艇中压直流电网的高性能5千安/1千伏固态直流断路器，该断路器共有3条支路，每条支路由集成门极换向晶闸管与金属氧化物限压器并联，理论上可分断15千安的短路电流，系统温度为90℃时可分断12.4千安的短路电流，加速老化试验结果表明，该型断路器的使用寿命可超10000次。水面战中心费城分部研究指出，10千安/120兆瓦/12千伏的舰艇电网发生短路故障时，短路电流的峰值可达100千安，超过固态直流断路器的处理能力。图1为5千安/1千伏固态直流断路器样机为抑制短路电流，研究人员提出了一种系统电感补偿方法，并以美国海军提出的舰艇中压直流电网架构为研究对象，给出补偿电感的计算结果。

在高温超导电缆领域，美国佛罗里达州立大学对高温超导电缆的冷却系统进行了仿真研究，使用热网络模型对电气和冷却系统进行建模，绘制了子系统的温度分布图。结果表明，在冷却剂流量为 20 克/秒时，高温超导电缆正常运行的最高温度为 -219℃，在某一电缆出现故障，导致其余电缆产热激增时，电缆的最高温度为 -213℃，低于 -198℃ 的规定最高温度。

(a)　　　　　　　　　　　　(b)

图 1　5 千安/1 千伏固态直流断路器样机

（六）数字孪生技术

2019 版《路线图》提出，未来舰艇电网应满足作战任务需求，采用模块化设计，具备较高的自动化水平，并通过数字化技术减少设备维护频率、零件库存、燃料消耗，实现设备运行状态监测与延寿。为实现上述目标，美国海军加大了数字孪生技术的研究力度。在美国海军研究局资助下，南卡罗来纳大学正探索将数字孪生技术应用于舰艇电力系统，研究人员构建了舰艇电力电子设备的数字孪生概率模型，通过监视器比较电力电子变换器状态参数的测量值和模型给出的期望值，最后由控制器作出异常状态预警，截至目前已完成半实物仿真。

本次研讨会，南卡罗来纳大学又展示了两项舰艇电力与能源系统数字孪生模型构建的研究成果：成果一，提出用于舰艇直流电网的数字孪生模型，综合考虑了舰艇电网结构、电网负荷、无功功率、控制方法、分布式发电等因素。成果二，提出利用混合灰箱建模方法构建舰艇电力电子设备的数字孪生模型。混合灰箱以电力电子设备的状态方程、状态量测量值等为输入，器件参数为输出，提高了模型的可靠性，兼顾了计算量、实时性和精度。以此为基础，研究人员成功构建了升压变换器的数字孪生模型，并将模型中电感、电容和电阻的参数误差控制在合理范围内。

三、几点认识

（一）依据 2019 版《路线图》，全方位推进舰艇电力能源技术发展

2019 版《路线图》阐述了未来美军舰艇电力与能源系统的发展需求、发展重点和目标。从本届研讨会来看，2019 版《路线图》得到了有效贯彻落实，一方面，美国海军已在电机绝缘材料、中压固态直流断路器、能量仓管理等领域取得了技术突破，部分成果已进入实用化阶段，实现了 2019 版《路线图》提出的技术指标；另一方面，在故障检测、高温超导电缆、数字孪生技术等领域，美国海军正以 2019 版《路线图》为抓手，积极开展计算、建模、仿真、硬件在环实验，谋求技术突破，推动新型电力能源技术的发展和应用。

（二）优化现用中压交流技术，推进中压直流电网发展

目前，美国海军电力与能源技术正由中压交流向中压直流过渡。一方面，美国海军围绕中压交流电网开展了实用性较强的研究，以期在部分子领域直接提升现役电力推进舰艇的性能，如交流电网故障检测、提高先进感应电机转矩密度等。另一方面，美国海军坚持发展下一代中压直流电网

技术，展开全方位、系统化的理论与应用研究，旨在全面提升下一代舰艇电网性能，并充分借鉴中压交流领域所取得的经验与成果，降低技术风险，加快研发进度。

（三）聚焦系统集成发展多项技术

舰艇交流电网设备体积和重量偏大、效率偏低，系统集成难度大。从本届研讨会来看，美国海军重点关注系统集成，体现在以下方面：一是开展储能系统能量管理策略研究，优化发电机和储能系统之间的功率分配，探索舰艇能量仓的功率分配方法；二是开展轻量化设计，优化变换器设计方案，降低系统重量，提高效率；三是聚焦绝缘技术研究，通过开展绝缘材料与放电机理研究降低电网内部各元器件、设备的设计安装距离，提高系统集成度。

（四）未来将重点发展舰艇智能电网技术

舰艇智能电网建立在集成、高速双向通信的基础上，将数字孪生、人工智能、预测控制、最优化算法等先进技术应用于电缆故障预测、设备健康管理、功率分配，可提升舰艇电网可靠性、自动化水平、抗扰能力与安全性，减少操作人员数量、降低设备维护成本与噪声。

（中国船舶集团第七一四研究所　周宏达）

美军同位素电源发展及在海军应用分析

能源与动力技术是水下无人作战系统的研制和部署关键技术之一，有效持久的电源系统是装备保持战场存在、发挥军事效能的前提，然而海洋环境恶劣，气候复杂多变，太阳能、化学能及太阳能与锂离子混合电源等常用电源均不能满足水下装备全天候、长寿命、高可靠的供电需求，因此，需配套发展可以在水下甚至深海等相对孤立的环境中实现能量自持产生、储存、传递和分配的电源系统，以维持水下装备的生存和正常运转。

同位素电源是利用放射性核素衰变能或者射线粒子，通过能量转换技术把衰变能转换成电能的一种核电源装置，具有使用寿命长、环境适应性强、可靠性高、自持和免维护等优点，是深空、深海、极地等恶劣环境下无人军事装备和信息探测设备的理想电源。

一、同位素电源技术

（一）同位素电源简介

基于能量转换方式，同位素电源可分为静态、动态、辐伏转换及其他转换方式的同位素电源。其中静态转换可分为温差电、热光伏、碱金属、热离子等。静态转换同位素电源具有可靠性高、寿命长、无运动部件等优势，不足是转换效率较低。动态同位素电源主要是指采用斯特林循环能量转换方式制成的斯特林同位素电源，该电源最大优势是同位素衰变能利用率较高，但由于运动部件的存在，可靠性较静态转换低。辐伏转换同位素电源是基于β辐射伏特效应的同位素电源，利用次级电子发射和康普顿效应产生接触电势差将同位素衰变能转换为电能。此外，还有直接充电式同位素电源、β粒子电磁辐射收集同位素电源等。

到目前为止，技术最成熟、应用最广泛的同位素电源为温差型同位素电源（RTG，利用热电半导体材料的塞贝克效应，将放射性同位素衰变过程中产生的热量直接转换为电能），其以长寿命、免维护、环境适应强等优点在军事领域已经有了广泛的应用。

（二）典型同位素热源

综合考虑需求背景、原料获取难易、半衰期以及功率密度，常用的温差型同位素热源主要有钚-238和锶-90两种。其中，钚-238半衰期长达88年，为100% α衰变，比功率约0.44瓦/克，由于衰变特性，制备的钚-238电源无须厚重的屏蔽结构，用于深空探测领域有着显著的优势。但钚-238原料生产难度较大，产能较低，昂贵，难以大规模装备。

锶-90大量存在于乏燃料中，获取方便、价格相对便宜、半衰期为28.6年，可以大量生产。但锶-90为β衰变且伴随韧致辐射，从辐射防护角度考虑需要设计厚重的屏蔽体。因此，锶-90电源用于对电源体积和重量限制较少的装备中，是水下同位素电源最具潜力的应用方向。自20世纪50年代起，锶-90电源被美、俄军方广泛部署于极地、海面和深海位置的重点区域，数量各达1000枚以上，为美、俄两国国土防御、定点侦察及海洋测绘等军民用途发挥巨大作用。

（三）同位素电源在海军领域的应用前景

同位素电源的水下应用模式有以下 3 种：

1. 小功耗水下固定装置供电

此种应用模式最为成熟，功率要求低，且寿命长、免维护，用于陆地极端条件（如极地、荒漠气象站等）站点设定、海面导航（如灯塔和导航浮标等）、海底监控（如海底侦测、深水水雷、深海探测等），美国和俄罗斯已有大量应用。海战场信息体系建设，以构建近海全域覆盖、大洋两极区域保障的海战场感知系统为目标，需要建设数量庞大的固定或机动的小功率传感器、深海基站以及海面导航设施，部分装备部署在偏远难到达地区，给维护带来很大困难。利用同位素电源为这些装备供电有工作稳定、寿命长、免维护等优点，有较大应用价值。

2. 水下无人潜航器充电

国内外大多数无人潜航器（UUV）均采用化学能–动力电池为其提供能源和动力，UUV 工作时间一般不大于 60 小时，作战半径一般小于 200 海里，难以进行远距离、长周期探测、侦察等作战任务，同位素电源存在热电转换效率不高的缺点，在应用到水下潜航器时，功率输出达不到作战使用要求。因此，可采用间接的能源利用模式，开发基于放射性同位素电源的水下潜航器充电技术。该技术有两种使用模式：一是同位素电源持续向无人潜航器携带的储能器件充电，储能器再根据需要释放电能保障 UUV 作业；二是在海底设置同位素电源充电站，并形成网络化部署，同样的将同位素电源与储电装置结合使用，可形成"闲时"储能，"忙时"供电的高效工作模式，再辅之先进电源管理技术，能够保证 UUV 在水下持续存在，根据指令或预定程序执行任务。

3. 动态型同位素电源

动态型同位素电源技术的工作原理与热机相同。同位素衰变产生的高能带电粒子与物质作用产生的热能加热流体推动发电机发电。这类电源的转换效率比较高,可达 20%～40%,功率一般大于 1000 瓦。近年来,国际上动态型放射性同位素发电系统的研制已进入工程单元设计和论证,研究较多的是布雷顿、斯特林循环系统,而后者已被 NASA 列入重点研究内容。但动态型同位素电源机械活动部件较多,在恶劣环境下使用会导致系统可靠性变差,一定程度上抵消了同位素电源免维护、环境适应强、可靠性好的优点。因此,动态型同位素电源的应用需在热机可靠性保障的基础之上。

二、美军温差型同位素电源发展及应用情况

(一) 美军钚－238 RTG 的应用情况

1961 年,美国首次将 SNAP－3B 型钚－238RTG 应用于"子午仪"－4A 近地轨道导航卫星;接下来的几十年里,美国先后进行的 31 次空间探测任务中使用了 54 个钚－238 RTG,应用于电功率总需求不大于 1000 瓦的空间探测任务中。这些钚－238 RTG 一半以上仍在轨服役,部分遗弃或坠落其他行星,3 次由于发射任务失败,热源分别坠海、大气层焚毁以及回收。此外,2020 年 NASA 将携带钚－238 的温差同位素电池的"毅力"号火星车送入太空,2021 年 2 月在火星表面着陆,并开始执行火星表面探测任务,该同位素电池设计寿命 14 年,效率为 6.3%,放电功率为 100 瓦,配备两块可充锂电池,以满足火星车的峰值用电需求(峰值可达 900 瓦)。表 1 列出了美国钚－238 RTG 空间应用情况。

表1 美国钚-238 RTG空间应用情况

型号	数量	BOL/W	任务	发射时间/年	现状
SNAP-3	1	2.7	Transit 4A（导航）	1961	RTG运行了近15年，仍在轨
SNAP-3	1	2.7	Transit 4B（导航）	1961	RTG运行了近9年，仍在轨
SNAP-9A	1	25	Transit 5BN1（导航）	1963	RTG按计划运行，仍在轨
SNAP-9A	1	27	Transit 5BN2（导航）	1963	RTG运行6年，仍在轨
SNAP-9A	1	27	Transit 5BN3（导航）	1964	任务失败，热源按设计焚烧在大气中
SNAP-19	2	28	NimbusB1（气象卫星）	1968	任务失败，热源回收
SNAP-19	2	28	NimbusⅢ（气象卫星）	1969	RTG运行超过2.5年，仍在轨
SNAP-27	1	73.6	Apollo12（登月）	1969	1977年9月30日月球站关闭，RTG工作8年
SNAP-27	1	72.5	Apollo13（登月）	1970	任务失败，热源坠入深海，未检测到放射性泄漏
SNAP-27	1	74.7	Apollo14（登月）	1971	1977年9月30日月球站关闭，RTG工作6.5年
SNAP-27	1	70.9	Apollo15（登月）	1971	1977年9月30日月球站关闭，RTG工作6年以上
SNAP-19	4	39.9	Pioneer 10（行星际）	1972	RTG至少工作至2003年，已飞出太阳系，失去联系
SNAP-27	1	2.7	Apollo16（登月）	1972	RTG运行了近15年，仍在轨
Transit-RTG	1	35.6	Triad-01-1X（导航）	1972	寿命超过33年，仍在轨
SNAP-27	1	75.4	Apollo17（登月）	1972	1977年9月30日月球站关闭，RTG工作5年
SNAP-19	4	39.9	Pioneer 11（行星际）	1973	RTG至少工作至2003年

续表

型号	数量	BOL/W	任务	发射时间/年	现状
SNAP-19	2×2	42	Viking1,2（火星登陆）	1975	RTG工作6年以上，着陆器关闭
MHW-RTG	2×2	153	LES8,9（通信）	1976	寿命超过30年，仍在轨
MHW-RTG	3×2	156	Voyager1（行星际）	1977	RTG仍在工作
GPHS-RTG	2	287	Galileo（木星）	1987	工作至2003年受控坠入木星
GPHS-RTG	1	282	Ulysses（太阳）	1990	任务于2009年结束
GPHS-RTG	3	300	Cassini（土星）	1996	工作至2017年受控坠入土星
GPHS-RTG	1	249	New Horizon（冥王星）	2006	探测器于2015年飞越冥王星
MMRTG	1	125	MSL（火星漫游）	2011	目前正常工作
MMRTG	1	100	火星探测	2021	目前正常工作

（二）美军锶-90 RTG的应用情况

美国锶-90电源的研制始于20世纪50年代，按部署位置可分为水下、水面及陆上锶-90电源几类；按其功率大小主要分为毫瓦、瓦、十瓦和百瓦级几种。20世纪六七十年代间，美国对锶-90同位素电源的应用具体情况见表2。

表2 美国锶-90放射性同位素电源应用情况

| 名称 | kCi | 功率/瓦 | | 投入使用时间/年 | 用途 | 安装地点 |
		热	电			
Sentry（Weather Bureau）	17.5	110	5	1961	气象站	阿克塞尔海贝格岛
SNAP 7A	41	250	10	1962	海上浮标	柯蒂斯湾
SNAP 7B	220	1400	60	1964	灯塔	巴尔的摩
SNAP 7C	41	250	10	1962	气象站	南极洋

续表

名称	kCi	功率/瓦 热	功率/瓦 电	投入使用时间/年	用途	安装地点
SNAP 7D	225	1400	60	1964	气象站	墨西哥湾
SNAP 7E	30	180	7.5	1964	声波中继站	佛罗里达州海
SNAP 7F	225	1400	60	1965	海上浮标	墨西哥湾
URIPS（P1-1002）（P1-1001A）	7	45	1	1966/1967	深海	怀尼米港
NUMEC（2）	30	200	7	1966	海面或海下	
U1-1001	7	45	1	1967	测量	太平洋
NUMEC 100 MA（2）Milli TRACS	2.7	2.2	0.1	1967	深海	怀尼米港
NUMEC TRACS-25A	118	440	20	1968	潮汐预警	巴哈巴群岛
RIPPLE III	4.6		0.7	1967	海下测试	怀尼米港
RIPPLE IV	15	100	2		海下电缆中继器	
RIPPLE IX	30	200	4		飞机导航站	
MW-3000A	20		2.5	1967	深海	
SNAP 21（5 made）	40	200	10	1969	海下	洛杉矶
LCG 25A	110	740	25	1966	海底	阿拉斯加
LCG 25B	110	740	25	1967		怀米尼港
SNAP 23A	200	1200	60	1969	陆地	
Sentinel（11, 12, 13）	25E 106（each）	700	25	1969.3	海底测量	
Sentinal 25D（8, 9, 10）	106（each）	700	25	1969.6	陆地	
LCG 25C1	110	740	25	1968	测量，记录定位系统波多黎各海岸	
P1-1003-1004-1005-1006	8	53	1.2	1970	深海	怀米尼港

已报道的美国水下部署的锶－90电源功率不大于25瓦，主要应用于深海任务（功率不大于2.5瓦）、海底电缆增音器（2瓦）、声纳基站（7.5瓦）、深海监测网（如部署于美国加利福尼亚湾附近700米水深的SEACON Ⅱ海底监测网系统使用的锶－90电源，其初始电功率12.5瓦，初始电压4.99伏）、海底声波测距（如圣地亚哥180海里外深约700米的海中部署的声波测距系统，该系统可以为300千米外的声波接收系统发射声波，该系统使用的锶－90电源初始电功率25瓦，寿命5.6年）、深海应答器（南大西洋约3000米深海）、海底测量基准点的声纳转发器（3000～5000米）等。

水面部署的锶－90电源主要功率较大，一般用于灯塔、气象站、浮标等；此外，美国特利丹能源系统公司于1983年设计了功率为500瓦的锶－90电源，其目标为预警雷达系统和C^3I系统提供能源供应；1986年8月橡树岭国家实验室制备出了功率为500瓦的锶－90电源。2013年美国海军论证了锶－90电源为战时C^4I指挥系统和生命保障系统提供能源供应的可行性，目标是到2025年可以为战时C^4I指挥系统和生命保障系统提供持久、高效、便捷的能源供应设备。2015年，斯坦福大学电Suhas Kumar教授的研究报告表明，当不以设备的重量为限制时，确信锶－90电源在不远的将来能占据大部分同位素电源市场。

三、结束语

同位素电源不仅是走向外部空间、开发空间资源的战略性装备，也是走向深海和广阔大洋的理想型能源，具有较强的军事应用前景。美军的应用经验在一定程度上给我们提供了有益借鉴，有助于后来者推陈出新，开发创新型应用模式。当然，水下同位素电源在应用中还面临着许多棘手的关键问题，如热源的制备难题、使用安全性问题、成本问题、深海试验验证问题等，需要在国家战略需求牵引下，加强基础研究，着眼应用开发，共克难题。

（海军研究院　肖炎鑫　周旭华）

（原子能科学技术研究院　李鑫）

美国海军"实况－虚拟－构造"技术发展与应用浅析

2021年8月3日至15日,美国海军举行了号称40年以来最大规模的海上军演——"大规模演习2021"。此次军演虚实结合演练水平高,利用"实况－虚拟－构造"(LVC)技术,由36个"实况"单位(舰艇)和50多个"虚拟、构造"单位(仿真器、训练器等)验证分布式海上作战、远征前进基地作战、对抗环境下的近海作战等概念。此次军演充分展现了美国海军"实况－虚拟－构造"技术的发展水平及应用价值。

一、"实况－虚拟－构造"技术发展现状

"实况－虚拟－构造"是一种分布式交互仿真技术,由美国国防部于20世纪80年代末提出①。美国海军在国防部的牵引与推动下,采用"实况－虚拟－构造"架构建设了多种仿真、训练设施,并在独立的"实况－虚拟－构

---

① LVC一词由国防科学委员会于1989年提出,指代先进模拟技术。

造"设施基础上,发展出能联合各种"实况-虚拟-构造"设施开展体系联合试验的系统。

(一)建设了各类"实况-虚拟-构造"设施

美国海军的"实况-虚拟-构造"设施主要包括装备试验鉴定、装备使用训练、战术演练等类型。

1. 装备试验鉴定类

装备试验鉴定类"实况-虚拟-构造"设施主要用于装备试验鉴定活动,评估其性能。2018年4月,美国海军空战中心飞机分部的试验鉴定团队,在飞机分部"综合战场空间仿真与测试"部门的大型电磁波消声室中,创建了"实况-虚拟-构造"环境,完成了P-8A海上巡逻机任务系统的试验鉴定(图1)。该环境首次将整个P-8A飞机纳入,使得试验鉴定计划和成本从6个月1200万美元减少到不到4周80万美元,而试验产生的数据量由原先的4小时增加到大约15小时。

图1 P-8A试验鉴定消声室

2. 装备使用训练类

这类"实况-虚拟-构造"设施主要用于培训士兵掌握装备使用方法，提高操作装备的熟练度，如"联合作战虚拟环境"（CAVE）。该系统是美国海军航空兵训练设备，用于培训联合末端攻击控制员。借助"联合作战虚拟环境"模拟器，联合末端攻击控制员可以反复演练操作装备协助飞行员识别和标记需要攻击的目标，提高作战效果。2018年底，美国海军航空作战中心计划在未来12～16个月内将"联合作战虚拟环境"模拟器（图2）通过"海军连续训练环境"与F/A-18、F-35飞行模拟器等连接，实现联合训练。

图2 "联合作战虚拟环境"模拟器

3. 战术演练类

战术演练类"实况-虚拟-构造"设施是近些年发展起来的，常由多种仿真器组成，可进行一定规模的战术演练，如"水面训练高级虚拟环境""舰队一体化合成技术测试设施"等。

"水面训练高级虚拟环境"由一体化防空反导和反潜战训练器（CIAT，图3）、"宙斯盾"岸上团队训练器（AATT）、高保真岸基训练设施（如近海战斗舰训练设施）等仿真模拟设施组成，利用虚拟现实技术演练水面舰的一般战术操作。

图 3　一体化防空反导和反潜战训练器

"舰队一体化合成技术测试设施"是海军研究局开发的概念验证演示器（图4），目前配置为反小艇威胁综合训练系统。该系统在舰桥上利用增强现实技术，使作战人员在沉浸式环境中参与虚拟作战场景，全方位演练反小艇战术。该系统具备连接其他仿真、训练设施开展大规模联合演练的能力，未来可扩展演练水面、水下、空中作战战术，以及致命和非致命武器作战等场景。

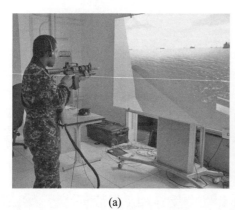
(a)

(b)

图 4　舰队一体化合成技术测试设施

（二）发展了能进行体系联合试验的系统

"海军连续训练环境"（NCTE）是美国海军建设的能将各种"实况－虚拟－构造"单元连接在一起，进行体系联合试验的系统。该系统为分布式网络仿真系统，由战斗部队战术训练器（BFTT）、联合半自动化部队仿真器（JSAF）、NCTE海军战术训练网络（NETTN）等部分组成，可将海军、联合（跨军种）、联盟（跨国别）的训练仿真设施联合起来，开展虚拟训练演习。此外，NCTE和JSAF还是国防部主导建设的"联合'实况－虚拟－构造'"系统的重要组成部分。

NCTE是本次海军"大规模演习"中将广域分布的"实况－虚拟－构造"单元组合在一起演练"分布式海上作战"等概念的核心（图5）。根据历年海军预算申请文件：2005年，NCTE首次在联合和联盟"多战斗群在港演习"（MBGIE）中投入使用，利用"战斗部队战术训练器"和"联合半自动化部队仿真器"模拟了海上作战环境；2009年，系统运营方与海军气象和海洋学司令部合作，将现实世界的海洋数据集成至"联合半自动化部队仿真器"中；2021年5月，海军2022年预算申请中，大幅增加了NCTE相关的研发内容，包括将将东、西海岸的舰队战术训练靶场和系统与NCTE整合，实现多域作战舰队整体性训练，同时将西海岸训练网络合并至NCTE海军战术训练网络，新增训练支援船C^5I能力，补充NCTE海上节点，以在2021年"合成训练部队演习"（COMPTUEX）、"舰队合成演习"（FST）中与其他单元无缝集成。

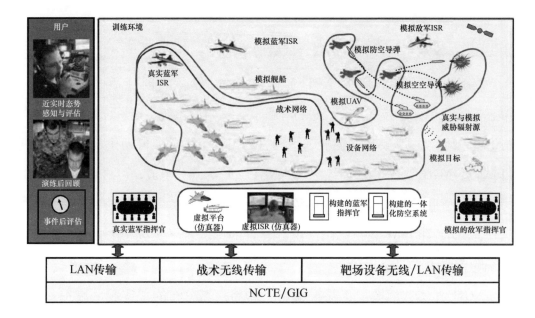

图 5　NCTE 开展体系联合试验示意图

二、"实况－虚拟－构造"技术应用领域

美国海军利用"实况－虚拟－构造"技术主要进行装备试验鉴定、人员技战术训练、战术战法推演验证等。

（一）装备试验鉴定

装备试验鉴定是"实况－虚拟－构造"技术的重要应用领域，可节省试验鉴定成本、缩短测试周期。美国国防部作战试验鉴定局早在 2004 年 11 月发布的《联合任务环境试验路线图》中就明确要求"在作战实验室、研制试验设施及部队的作战设备之间建立稳固的连接，形成'实况－虚拟－构造'联合任务环境，在此环境中进行装备实验、研制、试验或训练"。美国海军响应国防部要求，积极利用"实况－虚拟－构造"技术进行装备试验鉴定。海军水面战中心自2011年起，就开始利用"实况－虚拟－构造"技术测试电子战设备，并启动了利用"实况－虚拟－构造"技术测试网络战能力的项目。2018年，海军空战中心飞机分部提出了"基于能力的试验鉴定"（CBTE）概念（图6），将"实况－虚拟－构造"技术作为支撑这一概念落实的首要技术。2020年，海军水面战中心"实况－虚拟－构造"技术首席工程师表示，"实况－虚拟－构造"技术可以使海军在真实环境中测试正在研发的装备，而无须投入大量实际设备。

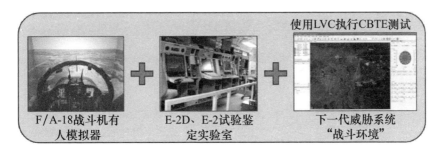

图6 "实况－虚拟－构造"技术支撑的CBTE概念

（二）人员技战术训练

传统人员训练方式周期长、成本高，利用"实况－虚拟－构造"技术进行虚实结合的训练，不仅能提高训练效能，还能使受训人员增强体验感。这种虚实结合的训练方法有效综合了实兵训练、虚拟模拟器训练和推演模拟训练三者的优点，既贴近实战又节省经费。美国海军研究局专门设有一个"士兵能力部"，专注于研发人员训练技术。由该部门主持研制的多任务战术训练器（MMTT，（图7））自2005年起用于训练水面战士兵，提升其执行战术的熟练度。2016年，美国海军在发布的"海军航空愿景2016—2025"文件中提出"'实况－虚拟－构造'训练长期愿景"，计划使用逼真的虚实结合或合成场景来训练海军航空兵执行联合空战的基本技能。

图 7　多任务战术训练器

(三) 战术战法推演验证

随着"实况－虚拟－构造"技术发展、各种"实况－虚拟－构造"设施设备增加,利用这些设施联合开展战术战法推演验证成为可能。"舰队合成训练"(FST) 概念是美国海军 2007 年 4 月正式提出的一项舰队战术虚拟演练概念,旨在利用虚拟作战空间演练空中、水面、特种作战、信息战、远征战等战术战法。2010 年,FST 项目投入使用,通过海军的 NCTE 系统连接各类"实况－虚拟－构造"设施,开展虚实结合的水面舰演习。

除了专门的"实况－虚拟－构造"演习外,"实况－虚拟－构造"技术正逐步向传统军演渗透。2017 年 5 月"北方利刃"演习期间,海军利用"实况－虚拟－构造"技术将远程轰炸机、预警机、指挥机等模拟器纳入演习,生成了友军和敌军的武器系统,增强了作战场景真实度,更是首次联合空军的"实况－虚拟－构造"设施进行演习。在 2019 年"北部利刃"演习中，美国海军继续使用了"实况－虚拟－构造"技术。

三、"实况－虚拟－构造"对作战能力的提升

美国海军利用"实况－虚拟－构造"设施可以开展装备操作训练、装备试验鉴定、战术演练与验证等多种任务，从而围绕人、武器、人与武器结合三个战斗力生成要素，全面提升作战能力。

（一）提升士兵操作装备的熟练度

海军建设的大量训练"实况－虚拟－构造"设施可以为海军士兵提供非常真实的操作装备的体验，并且这些设施不受实弹装备的各种使用限制，可以大幅度延长士兵使用装备的时间，使士兵熟练掌握先进装备。此外，这些设施还可以记录士兵完成任务的过程，向训练方案编制人员提供相关数据，以调整训练重点，解决训练针对性问题。

（二）提升武器装备的实战性能

利用试验鉴定类"实况－虚拟－构造"设施，海军可以对研制中的装备进行大量测试，以较低成本验证装备的各方面性能。此外，利用"实况－虚拟－构造"设施可以开展一些在实战环境中难以进行的试验，这些试验往往存在较大危险性，但能反映装备的一些极限性能。利用这些试验结果，研制中的装备可以及时处理发现的问题，减少列装后出现问题的概率，提升装备的实战性能。

（三）提升战术实施的效果

海军已可以利用 NCTE 系统联合大量"实况－虚拟－构造"设施开展战术演练、作战概念验证等。通过战术演练，可以使海军士兵之间、士兵与装备之间的配合娴熟，从而提升实战情况下执行任务的成功率。作战概

念的验证则可使海军了解近实战条件下，相关作战概念的可行性、具体战术方案编制要点，从而为落实相关作战概念，发展战术战法提供支撑。

四、"实况-虚拟-构造"技术发展趋势

美国海军经过多年发展，已经建设了大量"实况-虚拟-构造"设施，完成了"实况-虚拟-构造"联合演习，正在拓展这一技术的应用范围，并与人工智能技术深度结合，进一步发挥"实况-虚拟-构造"技术的价值。

（一）拓展应用范围

美国海军经过多年建设发展，已将"实况-虚拟-构造"技术用于装备试验与鉴定、人员技战术训练、战术战法推演验证。未来，美国海军将进一步将"实况-虚拟-构造"技术拓展至装备、战术概念设计与验证、装备维修保障等领域，围绕装备设计、制造、使用的全寿期开展应用。在2018年12月发布的《维持海上优势规划2.0》文件中，海军提出要扩大"实况-虚拟-构造"应用范围，以支持日益增长的训练和作战规模、复杂性和安全性需求。

（二）与人工智能技术深度结合

美国海军现有的"实况-虚拟-构造"设施尚未大规模应用人工智能技术，未来与人工智能技术的结合，将使这些设施发挥更大作用。利用人工智能技术，可以在"实况-虚拟-构造"训练器中增加个性化训练方案制定功能，通过评估训练效果，灵活调整训练方案，做到因人而异；可以在"实况-虚拟-构造"仿真器中构建人工智能对手，增强战术演练的对抗性，提高演练效果；可以在"实况-虚拟-构造"联合演练环境中推演战术战法，寻找最优方案。

五、结束语

从近几年美国海军开展不同规模的军事演习情况来看,"实况－虚拟－构造"技术在军演中的应用规模正在扩大,参演的"实况－虚拟－构造"设施数量不断增加,演练场景逐步复杂。这表明美国海军的"实况－虚拟－构造"已经达到较高成熟度,不再局限于人员训练、装备试验鉴定等小规模应用。根据美国海军 2022 财年的研发预算申请文件,海军已经确定了要达到的 21 项"实况－虚拟－构造"能力项目。这表明海军未来一段时间将持续投资建设,加速"实况－虚拟－构造"的应用发展。

(中国船舶集团第七一四研究所　周智伟　吴晨　张大中　柳正华)

美国海军水下作战试验鉴定靶场建设分析

2021年8月,美国海军航空系统司令部授予L3哈里斯技术公司合同,间隔近10年后正式启动大西洋水下试验鉴定中心所属水下作战试验鉴定靶场第二阶段和第三阶段建设工程。建成后,大西洋水下试验鉴定中心将借助数字化手段全面提升执行空中、水面、水下以及空中水面联合反潜等作战场景下的试验鉴定任务能力。

一、建设背景

21世纪70年代,根据美国国防部关于"重点靶场与试验设施基地"(MRTFB)管理框架,原有场址相对分散的水下作战试验鉴定设施被整合划入美国海军部大西洋水下试验鉴定中心(AUTEC),总部设于佛罗里达州。作为美国国防部唯一的深水反潜战作战试验鉴定靶场设施,大西洋水下试验鉴定中心在1974年被列入国防部重点靶场监管序列。随后至20世纪初的一段时期,根据美国国防部战略调整和试验鉴定资源管理体制改革要求,大西洋水下试验鉴定中心最初由国防部副部长下设的研制试验鉴定办公室负责管理，1999 年调整至国防部作战试验鉴定局管理，随后在 2004 年划入国防部资源管理中心监管并发展至今。现阶段主要职能明确为，执行水下作战样式试验，以及反潜战特别是深水反潜战武器装备鉴定等任务。

二、建设进展

大西洋水下试验鉴定中心作为美国国防部及海军部实施水下作战试验与装备鉴定任务的特定场所，是用于舰艇、潜艇、飞机以及无人平台等常态化反潜训练、提升海军及多军种联合部队综合反潜作战能力的核心试验鉴定资源，其划入国防部资源管理中心监管后发展历程可大体分为两个阶段。

（一）管理提升及规划阶段

美国海军部大西洋水下试验鉴定中心划入国防部资源管理中心监管后，监管审查、投资建设以及运行维护机制更加畅通。尤其是国防部资源管理中心 2005 年 9 月发布的首份《国防部试验鉴定资源管理规划》进一步明确 2022 年前国防部试验鉴定能力投资规划后，大西洋水下试验鉴定中心及其水下作战试验鉴定靶场进入了快速发展阶段。2009 年 6 月，美国海军部发布水下作战试验鉴定靶场建设环境测试报告，强调在近海水域开展反潜作战训练的紧迫性，以及在接近实战环境下开展舰船、潜艇、战机综合反潜作战演训的必要性。美国海军部在该报告中综合考虑水下作战试验鉴定靶场建设的地理位置、天气条件、生态资源及声学效应等多方面因素，提出三项选址方案，初步拟定在随后数年内分为三个阶段设施建设工程，预计投资超 5 亿美元。

（二）建设和更新升级阶段

美国海军部水下作战试验鉴定靶场建设环境测试报告提交国防部资源管理中心审查后，正式确定了选址为美国东海岸佛罗里达州杰克逊维尔附近约 500 海里^2 的区域，并批准启动建设工程招标工作。随后，美国海军航空系统司令部正式授予美 L3 哈里斯技术公司大西洋水下试验鉴定中心水下作战试验鉴定靶场第一阶段建设工程合同，总额为 1.27 亿美元。靶场第一阶段建设工程设计寿命 20 年，采用多层冗余设计理念。相关建设工程进展顺利，并于 2011 年 8 月正式交付大西洋水下试验鉴定中心使用，较计划安排提前 2 年完工。后续使用期间，美国海军航空系统司令部在 2015 年 12 月授予 L3 哈里斯技术公司 1260 万美元合同，用于升级相关系统设施。

第一阶段建设工程交付近 10 年后，根据现阶段使用情况和美国海军部前期提交国防部资源管理中心审定的靶场阶段建设方案，美国海军航空系统司令部在 2021 年 7 月着手启动水下作战试验鉴定靶场第二阶段与第三阶段靶场建设招标工作，并于 8 月由航空系统司令部空战中心训练分部再次授予 L3 哈里斯技术公司两阶段建设合同，总额 3.93 亿美元。第二阶段与第三阶段靶场建设工程目前已启动，预计将于 2022 年转入大规模建设阶段。

三、建设内容

（一）硬件条件

美国大西洋水下试验鉴定中心所属水下作战试验鉴定靶场目前总占地 500 海里^2，长 25 海里，宽 20 海里，水深范围 37~274 米，主要由一系列水下传感器节点、电缆终端设施、主干电缆、节点间连接电缆、接线箱等构成。电缆终端设施位于美国海军梅波特基地,占地面积 37 米^2,为训练场水下传感器节点提供电力、通信等保障。训练产生的数据通过电缆终端设施传送到杰克逊维尔舰队区域控制和监视中心。

根据目前披露的第二阶段和第三阶段工程规划信息,大西洋水下试验鉴定中心所属水下作战试验鉴定靶场计划铺覆超过 600 英里的海底电缆,布放约 300 个海底水下传感器节点。完工后,靶场将安装数百个先进声学传感器和岸基控制、显示和处理设施,声学传感器之间通过商业标准海底光纤连接,使水面舰船、潜艇和飞机能够跟踪水面和水下目标,开展反潜作战训练,并实时将参演装备的相关活动信息传输至岸基控制设施,便于后期作战试验鉴定任务分析。

(二) 主要任务

目前,大西洋水下试验鉴定中心所属水下作战试验鉴定靶场已具备全面开展空中反潜、水面反潜、水下反潜以及空中水面联合反潜四种作战场景的试验鉴定任务能力,在提升美国海军针对广泛的潜在水下威胁规划和执行任务水平等方面发挥了关键作用:一是空中反潜作战试验鉴定任务,安排 1 架固定翼反潜巡逻机和 1 架反潜直升机共同开展反潜战演训,反潜巡逻机对靶标潜艇进行搜索、定位和攻击;二是水面反潜作战试验鉴定任务,安排 2 艘水面舰艇共同开展反潜战演训,水面舰和舰载反潜直升机对靶标潜艇进行搜索、定位和攻击;三是水下反潜作战试验鉴定任务,安排 2 艘潜艇共同开展反潜战演训,2 艘潜艇(或 1 艘潜艇和 1 艘靶艇)在训练场中练习搜索、定位与攻击;四是空中水面联合反潜作战试验鉴定任务,安排 1 艘水面舰船和 1 架反潜直升机共同开展反潜战演训,水面舰、海上巡逻机、舰载反潜直升机对潜艇进行联合搜索、定位和攻击。

四、几点认识

美国海军水下作战试验鉴定靶场的建设充分体现了统筹协调、体系发展、紧贴需求的特点，将牵引美国海军试验鉴定功能提升。

一是以作战需求为牵引，提升试验鉴定能力。近年来，美国海军水下战作战概念快速发展，并借助重点项目实施推动水下作战样式优化提升。为此，美国海军水下作战试验鉴定靶场第二阶段和第三阶段建设更加强调海底电缆、声学传感器以及以仿真软件为基础的舰载训练系统等先进科技的部署实施，力争为作战人员提供接近真实作战环境的训练设施，提升其战备水平。

二是成立专门机构，强化试验鉴定资源统筹管理。美国国防部国防部试验资源管理中心成立后，借助统筹规划与监管等手段，有效解决了靶场重复建设、管理和保障效率不高等问题，为全面推进水下作战试验鉴定靶场朝实战化、信息化、体系化方向发展奠定坚实管理保障。

三是定期开展靶场评估，持续升级靶场内部设置。美国国防部定期对重点靶场与试验设施基地进行全面评估，特别是2020财年作战试验鉴定年度报告针对2025—2035年期间国防部靶场及相关基础设施能否满足作战试验鉴定局任务需求开展评估，评估国防部试验训练靶场的物理适用性、技术适用性和作战适用性，力争全面建成适应美国海军水下作战需求的水下装备试验场、部队训练场、作战演练场。

（中国船舶集团第七一四研究所　徐智斌　何艺佳）

美国海上跨域通信前沿技术浅析

2021年1月,美国海军向雷声公司采购23套高速率通信天线,助力潜艇在隐身条件下高速率跨介质通信,提高其生存能力。近年来,美国积极发展海上跨域通信技术,验证新技术原理,试验新技术方案,开展了"战术海底网络架构""平移声学-射频"等一系列重大项目或技术的研发工作,也在海军年度技术演习中验证了海上跨域通信方案,以促进海上跨域通信技术的进步,推动水下作战平台融入海上联合作战体系。

一、发展背景

由于水介质的稠密性,难以远距离高速通信,潜艇多独立为战,很少与水上指挥中心或平台通信,必要时依靠浮力天线等跨域通信,场景简单、传输信息量小、中继单一、安全性差。现今,为谋求水下战优势,美国正探索未来水下战模式。综合《水下战纲要》《21世纪反潜战概念》《海军科技战略》《水下战新纪元》《海军部无人系统路线图》等多部文件和报告,可以发现美国未来水下战模式中：作战方式从舰机联合和单艇作战向全体系联合转变；探测方式将从"平台密集型"向"传感器密集型"转变；强调无人系统的地位与作用，拓展其任务领域。全体系联合作战需跨域通信技术为纽带，使作战信息高效、安全地跨域双向传输，确保指令的上传、下达；无人系统和传感器网络的广泛应用也促使水下信息量大幅增加，需高速率大容量的跨域通信技术将收集的信息回传指挥中心，增强战场透明度。

二、发展重点

在跨域通信技术领域，美国海军一方面重点创新中继形式，大幅提高中继式跨域通信能力；另一方面探索直接跨域通信技术，验证技术原理。

（一）持续推进中继式跨域通信技术发展

美国海军不断研发新型通信中继，丰富通信中继形式，提高通信中继性能，便于根据作战任务、环境、装备灵活构建更多的跨域通信方案。

1. 利用浮标链路实现巡航状态下潜艇跨域通信

"巡航状态下潜艇双向通信"主要是应用浮力电缆天线或通信浮标组建通信链路实现巡航状态下潜艇的双向通信。2007年12月，美国海军试验浮力电缆天线和高频互联网协议，潜艇成功与航母打击群的8艘水面舰双向通信；2011年4月，北极冰层下的潜艇利用"深海汽笛"战术寻呼浮标与外界实现双向通信（图1）；计划2021—2026年仍继续研究性能先进的可扩展系留通信浮标。该技术支持潜艇巡航状态双向通信，大幅降低潜艇暴露的风险。

重要专题分析

图 1 "深海汽笛"系统部署过程

2. 借助水下充电站为无人潜航器中继通信

无人潜航器水下充电及信息传输技术主要是利用充电节点，充电的同时进行数据传输。泰莱达能源系统公司在美国海军支持下研发的水下充电站质量 3370 千克、尺寸 3.7 米×1.5 米×1.2 米，由燃料电池系统、湿式混合连接器、声学调制解调器构成。无人潜航器通过湿式混合连接器的通信光纤向水下充电站上传数据，再由声学调制解调器将上传数据传输给其他水面平台，通信距离 2～6 千米，通信速率 80～15360 比特/秒，典型工况下每小时传输一次数据。2018 年，美国海军在"先进海军技术演习"中验证了水下充电站的原理，2019 年对其进一步完善，未来将进行深 2 千米的海洋试验，并不断优化设计和提高性能。

3. 通过各种无人系统实现水下平台跨域通信

无人机、无人潜航器等无人装备的发展和应用，使跨域通信中继的形式更为丰富，可灵活构建跨域通信链路。如"分布式敏捷反潜系统"的深海系统携带声学调制解调器，向同样携带声学调制解调器的波浪滑翔者发送数据，由其充当通信中继（图2），将接收到的数据继续发送给卫星或是岸基通信系统，实现跨域通信。再如，2016年美国"先进海军技术演习"中，1艘潜艇发射了1具"蓝鳍"-21无人潜航器，"蓝鳍"-21再释放2具微型"沙鲨"无人潜航器和1架"黑翼"无人机，由"黑翼"充当潜艇与"沙鲨"间的通信中继，实现了跨域通信和指挥控制。美国海军潜艇部队已于2018年正式列装"黑翼"潜射无人机，执行情报监视侦察、通信中继、目标指示任务。

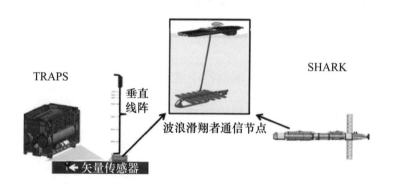

图2 波浪滑翔者充当通信中继

4. 构建水下网络助力跨域通信

以传感器节点、转发节点、网关节点等跨域通信网络，使用网络化通信方案将潜艇、无人潜航器、传感器等探测节点收集的作战信息传输回水面舰、指挥中心等。例如，近海水下持久监视网，该网络由核潜艇、固定式水听器阵、无人潜航器等节点构建，能对西太10000千米^{2}水域的常规潜艇进行监视并跨域通信。核潜艇首先发射数个水下滑翔者，构建主干通信链路，搜集战场信息，并与核潜艇声通信。若安全，核潜艇则继续布放其他移动节点；若存在风险，核潜艇则可超视距布放其他移动节点。最后，核潜艇布放固定节点，并确定其可与移动节点通信。核潜艇也通过高频地波射频通信或声通信监测每个节点的情况。该网络于2005年开始研发，2013年研发结束并开始向装备转化，是网络化跨域通信的典型范例。再如，战术海底网络架构（TUNA）是细光纤和浮标构建的通信网络(图3)，实现水面、空中、水下系统之间的跨域通信。细光纤是指内径不超过1毫米、外径不超过2毫米、传输距离超过10千米、作战时间可达30天的小直径、轻型、无源浮力光纤；浮标是指可快速部署的通信浮标。2015年初，DARPA授予第一阶段研发合同，2019年完成全部研究工作，技术成果已转移至海军。在现有战术网络遭遇干扰破坏的情况下，该网络可快速恢复通信能力，实现空中、水面、水下各作战平台的联通，有效保障作战指挥和通信。

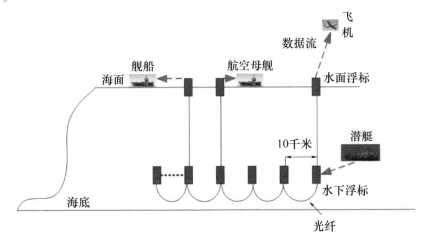

图3　战术海底网络架构示意图

(二)探索无须中继的直接跨域通信技术

直接跨域通信技术可不依赖中继节点,更加高速和隐蔽,美国海军正在探索直接跨域通信技术,如声学-无线电直接跨域通信、跨域光通信技术。

1. 成功验证平移声学-射频跨域通信技术原理,实用化仍有待技术突破

2018年8月,美国麻省理工学院研发了水下节点直接与空中节点的平移声学-射频跨域通信技术(图4)。通信原理:水下声波信号传导至水面时,水面会发生振动,在水面以上利用主动雷达探测这种振动便可实现跨域通信。研究人员采用艺威公司UW30水下扬声器作为信号发射端,并通过OSD 75瓦紧凑型低音炮放大器和Pyle 300瓦立体声收音器两型功放与联想计算机的音频输出端口相连,信号接收端采用毫米波雷达。试验结果表明,水面干扰波波高不大于16厘米时,能够稳定地单向跨域通信,通信速率最高可达400比特/秒。但该技术实用化仍需解决水下节点越深引起的水面振动越不明显、水面振动极易被海浪淹没等问题。该技术一旦走向实用化,无人机可直接收集水下传感器的监测信息;潜艇可直接与飞机通信。

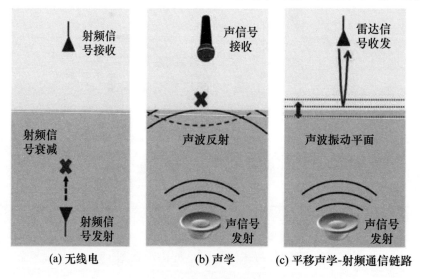

图4 跨域通信技术原理图

2. 设想模块化光通信技术方案，为跨域协同作战开辟新的通信途径

2017 年，美国海军空间与海战系统司令部提出"模块化光通信"的研发设想，欲发展无须水面通信转换节点的跨域通信技术，水下平台间通信速率不低于 1 千比特/秒，空中通信距离超过 27 千米，水中深度超过 30 米，支持潜艇、无人潜航器等水下平台与飞机间的全双工通信。这套光学通信系统将解决海上跨域通信问题，具有低截获概率和低探测概率，通信速度潜力巨大，可为跨域协同作战开辟新的通信途径。

三、几点认识

（一）多种技术手段共同发展，按需灵活高效实现跨域通信

美国海军、DARPA 等机构支持多家军工企业、高校开展一系列的跨域通信技术研发工作，通信方式包括中继式、直接式，技术体制包括声学 - 无线电、光学 - 光学、声学 - 光学 - 无线电等形式，中继形式包括多种浮标、水下充电站、各种无人系统等，适用对象包括潜艇、无人潜航器等。不同作战场景下的多种跨域通信技术共同发展，美国海军可根据各技术的优势和实际作战需求灵活高效地选择通信方式，实现高速、大容量、准确安全的跨域通信。

（二）短期内跨域通信仍需依赖通信中继，直接跨域通信技术还不成熟

美国持续推进多种跨域通信技术的研发与应用，包括中继式和直接式。中继式跨域通信技术虽然依赖中继，通信速率也受限，但发展时间久，技术较为成熟，已经衍化出多种技术方案，在演习中取得很好的成绩，是目前跨域联合作战的有效手段。直接跨域通信技术虽然摆脱了对中继的依赖，通信速率也有较大提升潜力，但要解决抗干扰、水下和水上链路匹配等难

题，仍需继续技术攻关。

（三）海上跨域通信仍是美国海军联合作战的薄弱环节，是反制的关键

虽然美国海军针对海上跨域通信技术开展了大量的技术研发、方案验证工作，取得一定成效，但对于海军联合作战体系来说，海上跨域通信仍是其薄弱环节，短期内仍需依靠无人机、无人水面艇、浮标等作为通信中继，可通过驱赶、干扰、破坏其通信中继的方式，切断水上与水下平台的联系，瓦解联合作战体系，分而击之。

（中国船舶集团第七一四研究所　王晓静　张旭）

美国海军"先进海军技术演习"分析

2021年10月,美国海军航空系统司令部空战中心航空分部组织完成本年度"先进海军技术演习"(以下简称"技术演习"),围绕"海上联合战争"主题,对20多项新兴技术进行现场演示和评估。近年来,美国海军科研机构每年组织若干场"技术演习",广泛汇聚社会和海军人员,推动先进技术向海军和海军陆战队转化。

一、基本情况

2015年,美国海军发布新版《海军科技战略》,强调预判潜在技术突袭,快速响应海军作战需求,加快先进技术成果转化。在战略牵引和海军研发与采办助理部长的支持下,美国海军科研机构发起了"技术演习"活动,针对特定技术需求和新兴作战概念,鼓励技术和作战人员在现实模拟环境下测试原型样机,以学习和理解新兴技术,促进技术的实战应用。

在"技术演习"中,海军研究实验室、水面战中心、水下战中心、空战中心、信息战中心等海军科研机构作为主办方，负责拟定演习主题，征集和筛选技术提案，并为参演单位提供技术支持、专业知识、靶场设施和评估手段；高校、企业等单位提供技术方案和原型样机；海军装备发展决策者和作战人员负责提供演习创意、作战能力需求和专业意见，参与技术方案评估，并为技术的后续开发提供资金支持。

美国海军"技术演习"一般分为四个步骤：第一，主办方在演习开始前半年至一年的时间内发布演习公告，阐述演习背景、主题和需求，列出演习聚焦的技术领域和关键节点安排，寻找潜在参与者；第二，主办方组织评估团队审查技术提案，重点考虑能在 12~18 个月内实现部署的技术，并向符合演习要求的参与者发出邀请；第三，组织"技术演习"，由需求编制官员、采办官员、作战人员等共同评估技术的实际效用和潜在价值；第四，签订合作研发协议或其他交易协议，进一步开发和转化技术。

二、历次演习情况

2015 年至 2021 年 10 月，美国海军共组织 10 余次"技术演习"，2020 年受疫情影响未组织。

（一）海军水下战中心牵头的演习

海军水下战中心（NUWC）隶属海上系统司令部，负责提供水下作战相关的全面支持，包括研发、工程、试验、鉴定和全寿期保障，研究范围涉及潜艇、无人潜航器、进攻与防御武器系统、声纳与反声纳、潜艇通信和电子战系统、水下战建模与分析等。该中心下设纽波特和基波特两个分部，拥有近 6230 名雇员，2022 财年预算超过 14 亿美元。

重要专题分析

2015—2019 年，水下战中心牵头组织五届"技术演习"。首届主题是"海底星座"，规模较小，披露信息较少；第二届是"跨域通信与指挥控制"，演示了整体海洋环境下的多域联合作战效能；第三届"对抗环境下的战场准备"，展现了水下、水面及空中系统设备之间的通信指挥控制能力，验证了无人系统在监察、水雷战等对抗环境中的战备效能；第四届"人机交互"，探索了平台在目标探测、定位和追踪方面的应用，验证了机器学习、数据分析、集群决策等技术，为海军系统平台与人工智能、机器学习、自动化等技术的深度融合提供了方向和途径；第五届"备战之水下安全"，主要聚焦指挥控制、通信、军队防护、无人系统和后勤领域（表1）。

表 1 海军水下战中心牵头演习的基本情况

时间	主题	主要内容	规模	效果
2016	跨域通信与指挥控制	"黑翼"无人机在潜艇和多艘无人潜航器间的信息中继传输；浅水监视侦察系统；海战碳纳米管材料；海底持久动力源；海上声学特性建模及环境规划；海洋无人移动系统；无人平台传感系统等	30 多家单位 400 余人参加，42 份提案，10 场演习	签署 10 份合作研发协议
2017	对抗环境下的战场准备	对抗作战中的水下精确导航网络、海洋网络、无人潜航器信号情报、全球声学定位系统、海上态势感知等	40 多家单位 580 余人参加，43 份提案，24 场演习	签署 24 份合作研发协议
2018	人机交互	无人系统的通用指挥控制和通信、分层防御的分布式传感、海底战、自主及协同水下传感和通信、深度机器学习、水下悬浮充电节点，以及无人潜航器、无人水面艇和无人机间的端到端多域连接等	55 家单位 800 余人参加，54 份提案，29 场演习	签署 33 份合作研发协议

续表

时间	主题	主要内容	规模	效果
2019	备战之水下安全	距离异常检测演示、分布式水下威胁的自主识别、反水雷探灭雷、近岸环境数据收集、环境情报准备、地球物理海底监视系统、海洋哺乳动物监测等	60多家单位800余人参加，86份提案，42场演习	签署49份合作研发协议

（二）海军与海军陆战队联合小组牵头的演习

为支持海军陆战队"21世纪机动作战两栖攻击"作战概念的发展，推动两栖作战力量建设，2017年4月至10月，海军和海军陆战队联合任务小组以"舰岸机动探索与实验"为主题开展了多轮演习，重点验证了无人系统和移动宽带网络在登陆作战中的应用。演习项目包括无人系统与有人系统协同作战、便携式无线宽带通信、可视化情报信息共享、不依赖GPS的导航定位等。

（三）海军信息战中心牵头的演习

海军信息战中心（NIWC）是海军信息战系统司令部下属机构，主要负责为海军和联合部队提供指挥控制、通信、计算机、情报、监视侦察（C^4ISR），以及网络、太空、自主无人系统等领域的能力，并提供信息战有关的技术、试验和工程支持服务。该中心下设太平洋和大西洋两个分部，拥有1万余名雇员，2022财年预算近30亿美元。

2019年以来，海军信息战中心共牵头组织了两届"技术演习"（表2）："西部高技术演习"，旨在为海军和海军陆战队提供新的指挥控制和监视技术，以在高端战争环境中占据优势；"对抗环境下的一体化海军演习"，聚焦指挥控制、通信、机动、火力及效能、舰队支援、信息环境中作战6个能力领域，验证了技术原型在远征前沿基地作战、分布式海上作战等作战概念中的应用。

表 2　海军信息战中心牵头两场演习基本情况

时间	主题	内容	规模
2019	西部高技术演习	对通信、传感、对抗、指挥控制、非动能火力、反情报监视侦察和瞄准等技术系统进行了评估	约60家单位参加，演示80多项新兴技术和系统
2021	对抗环境下的一体化海军演习	评估射频波形、自主空中和海上载具、高级传感器、光通信、网络安全应用程序和各种软件功能等技术原型	160名技术人员参加，演示65项新技术和系统

（四）海军水面战中心牵头的演习

海军水面战中心（NSWC）隶属于海军海上系统司令部，负责提供水面作战相关的全面支持，包括研发、工程、试验、鉴定和全寿期保障，研究范围包括水面舰艇作战系统、水面与水雷战系统、爆炸物处理、两栖作战系统、特种作战系统、武器系统、水面作战后勤与维护等涉及水面作战的所有领域。其下设8个分部，拥有员工近2.2万人，2022财年预算为53.85亿美元。

水面战中心怀尼米港分部牵头的"技术演习"自2018年以来与海军"海岸三叉戟"演习联合进行，演习参与单位包括美国海岸警卫队、国家标准与技术研究院等。2021年水面战中心在南加州牵头的演习聚焦传感数据融合、海事通信、光谱成像、数字工程、无人系统等领域，共进行12场演习，涉及35个技术主题的50个演习项目。

（五）海军空战中心航空分部牵头的演习

海军空战中心航空分部（NAWCAD）隶属于海军航空系统司令部，主要负责为海军和海军陆战队飞机及其相关系统提供研发、测试和维修服务。海军空战中心拥有16640名雇员，2022财年预算近60亿美元。

2021年海军空战中心航空分部在帕塔克森特河海军航空基地举行为期长达11个月的"技术演习"，海军信息战中心、美联邦航空局以及大量承包商参与其中。此次演习聚焦海上联合作战，重点关注弹性通信系统和数据网络、灵活定位导航授时、无人机、5G、自主等技术，集中演示20多个项目，目的是提高海军态势感知和空中交通管控能力。

三、演习特点

（一）主题贴合海军技术创新需求，响应顶层战略规划

"技术演习"围绕特定主题和技术领域进行，不会提出要解决的具体问题和详细需求，以此为参与者争取构思技术方案的发挥空间。参与者只需简述拟提报方案与演习主题的契合度，就有机会参加演习。演习主题紧密贴合海军技术创新需求，一般根据专家小组、战略规划文件构想的未来作战场景进行设定。例如，水下战中心针对海洋任务小组提出的"更好地利用科技来维持水下主导地位"建议，开展"备战之水下安全"演习；围绕海军作战部长《维持海上优势设计2.0》指南提出的"从海底到太空、从水面到沿海并在信息域威慑敌人"的未来海上部队构想，信息战中心组织了"西部高技术演习"。

（二）多部门协作策划组织，推动海军技术协同创新

大部分"技术演习"都由海军多个科研、装备和作战部门协作策划和组织，设计了复杂的作战场景和挑战，从技术、规模化部署、战术和作战概念等方面，快速对新兴能力进行试验、学习和反馈，为解决海军面临的

关键作战挑战提供了机会。一般情况下，海军科研机构负责了解作战需求，为开发技术原型提供信息，争取与工业界和学术界合作的机会，同时对演示的技术进行评估并提供数据分析及可视化工具；海军作战部队参与技术解决方案的开发，对新技术的价值和适用性提出意见，评估新技术衍生的作战策略和概念；企业、大学和政府所属其他科研机构负责向作战人员展示新兴技术在模拟作战场景中的应用。

（三）广泛吸纳非传统供应商，转化利用先进商业技术

为最大程度地吸纳非传统供应商的参与，海军"技术演习"呈现出开放性、低门槛的特点，参加者不必拘束于组织形式、规模、所在地等条件，只要所提方案符合演习主题均可报名参加。在开放式征集方式下，"技术演习"征集到的方案逐年增多，如水下战中心牵头演习的方案由 2015 年的 1 份增至 2019 年的 86 份。在报名阶段，海军还针对性地了解企业需求，从场地、设备、人员保障等方面调派力量，以更好地调动非传统供应商参加。历次演习中，除了诺斯罗普·格鲁曼、洛克希德·马丁等军工巨头，大批从未承担国防任务的小企业也参与其中。例如，在 2019 年的"东部高技术演习"中，超过 60% 的参与者为首次参与，参与演习的大企业和小企业数量基本相当，且小企业中有较高比例的初创企业。

四、结束语

美国海军通过"技术演习"精简先进技术发现流程，搭建了海上作战需求与创新力量的直接对接平台，加速了前沿性、创新性技术在海军的应用。我们可借鉴美国海军"技术演习"的做法，利用自身在技术、人员、专业知识、设备设施等方面的优势，围绕作战需求搭建技术演示、测试和评估的平台，加快前沿性、颠覆性技术的发现和采用。

（中国船舶集团第七一四研究所　郭宇　孙兴村）

美国海军积极推进数字孪生技术应用

2021年3月,美国海上系统司令部宣布,将利用数字孪生技术对位于诺福克、朴次茅斯、普吉特湾、珍珠港的4家国有船厂的厂区配置进行优化和现代化升级改造,以落实"船厂基础设施优化计划"。美国海军高度重视数字孪生技术在船舶建造、维修、升级改造等方面的应用,近年取得了一系列进展。

一、数字孪生技术的基本内涵与发展历程

数字孪生的概念由美国密歇根大学的迈克尔·格里夫斯教授于2002年提出,最初被称为"镜像空间模型",用于产品全寿期管理的学术研究。数字孪生技术的概念内涵,是通过结合物理模型、传感器实时数据以及所有历史数据,构建物理实体的镜像数字模型,持续动态反映、分析、预测物理实体全寿期的运行状态。数字孪生概念包含物理空间、虚拟空间以及两个空间之间的连接三个要素。其中,物理空间是实际存在的,虚拟空间包含物理空间的所有信息,两者之间的连接是指物理空间向虚拟空间输入数

据以及虚拟空间向物理空间反馈信息。数字孪生的主要特点：一是实时性，数字孪生体和物理实体之间能实现动态数据实时或近实时交互；二是双向性，物理实体需向数字孪生体输入数据，数字孪生体也需向物理实体反馈信息，并根据反馈信息对物理实体的行为进行干预；三是全寿期，数字孪生体将贯穿产品的设计、开发、制造、维护甚至报废的整个生命周期。

2010年，NASA发布《建模、仿真、信息技术和处理路线图》（草案），明确要构建飞行系统的数字孪生体，以解决全寿期故障诊断和寿命预测问题。自此，数字孪生概念进入美国政府和军方的视野，并逐渐引起广泛重视。2013年，美国空军发布《全球地平线》顶层科技规划文件，将数字孪生技术视为"改变游戏规则"的颠覆性技术。此后，美国军方开始组织洛克希德·马丁公司、波音公司等军工巨头推进数字孪生关键技术研发，探索数字孪生在国防领域的应用。

二、美国海军迫切需要利用数字孪生技术解决作战系统升级、舰艇维修保障等问题

（一）作战系统软件升级改进周期长

美国海军作战系统软件对于海军平台和负载可靠运行、有效发挥作战能力至关重要。美国国防部当前的软件采办仍沿用20世纪90年代的方法，软件研发被划分为需求开发、方案分析、技术开发、工程与制造开发、生产部署和使用保障等几个阶段，只有完成本阶段任务并满足下一阶段标准后才能继续推进。以美国海军现役巡洋舰和驱逐舰的核心标配系统——"宙斯盾"系统为例，按照现行的采办流程，系统的软件升级包要先在陆上实验室进

行先期测试,满足成熟度要求后再转入研发/作战测试,待战舰休航时部署上舰,到实战环境或靶场检验测试;等战舰返航后,研发团队根据测试数据再进行修改、认证以及下一轮测试,直到满足要求,这个流程要花费18~24个月。而战舰要等到大修期才能部署通过认证的软件升级包,如错过时机,则要推迟到下个大修期。因战舰大修期间隔6~9年,导致"宙斯盾"系统升级缓慢,实装系统包括基线5~9多个版本,作战能力参差不齐。

(二)船厂基础设施急需现代化改造

2017年,美国政府问责局指出,诺福克海军船厂、朴茨茅斯海军船厂、普吉特湾海军船厂、珍珠港海军船厂4家船厂面临基础设施老化严重、布局不合理等诸多问题,影响了航空母舰和潜艇部队的战备,急需现代化改造。四家船厂共有18个干船坞,其中8个需要大修。

船厂基础设施落后,已对美国航空母舰和核潜艇维修产生严重影响。根据2020年8月美国政府问责局的报告,2015—2019财年,海军四大船厂应完成51项维修任务,包括18项航空母舰维修任务和33项核潜艇维修任务,但实际仅完成49项,且其中的38项(约占75%)未按规定时间完成,维修延期总计7424天;未完成的2项,维修任务完成时间推迟到2020财年。38项维修延期任务中,航空母舰维修任务延期10项,总计延期1128天,平均每项维修任务延期113天;潜艇维修任务延期28项,总计延期6296天,平均每项维修任务延期225天。

为此,美国海军2018年2月发布一项为期20年耗资210亿美元的"船厂基础设施优化计划"(SIOP),旨在实现船厂干船坞、重要设施和关键设备等的现代化改造,满足2040年前完成67项维修的要求。

三、多层次布局数字孪生技术开发与应用

(一) 设立自动测试项目并发布数字工程战略,缩短作战系统交付部署时间

近 10 年来,美国海军持续开展了"自动测试和再测试"(后改为"自动测试和分析")项目,旨在通过先进边缘分析的近实时虚拟/数字孪生,构建可扩展的数字生态系统,为作战和武器系统提供快速全面的测试、分析、认证,缩短交付时间和采购成本并提升可靠性。研究内容包括利用数字孪生技术研制"虚拟宙斯盾""虚拟潜艇作战控制系统"等,主要目的是缩短作战系统关键测试完成时间、提升测试分析速度、发现和改正设计缺陷,从而加速作战系统的升级改造。

2018 年 6 月,美国国防部发布《数字工程战略》,计划将传统的武器装备研发模式由设计 – 制造 – 测试向模型分析 – 制造转变,交付前在虚拟环境中完成测试和评估,以提高系统的网络安全性、互操作性和灵活性。为响应国防部的要求,2020 年美国海军和海军陆战队联合发布《数字系统工程转型战略》,旨在利用基于模型的系统工程改变作战系统的设计、开发、验证、交付、运行和维护方式,提升海军的采办效率,满足现代作战系统复杂性、互联性、互用性的要求。

(二) 规划海军平台数字孪生框架,优化舰艇结构寿命预测

2017 年,美国海军研究局牵头海军作战中心、海军研究实验室、康奈尔大学、密歇根大学、康涅狄格大学等,开始规划"海军平台数字孪生"(NDT)。NDT 将数据科学、基于实体的模型、机器学习技术结合,能够预测舰艇及其环境未来的可能情况,帮助指挥官做出最佳决策。NDT 将构建

一个数据约束、模型驱动的框架,提供可靠的预测信息,用于信息收集、后勤规划、现场决策,应用场景包括结构寿命预测以及舰艇作战效能提升。前者可实现结构寿命预测的优化,提升舰艇作战持久性;后者通过有效的海洋环境预测以及舰艇性能和油耗预测,提升舰艇作战效能,同时提升发动机基于状态的维修性能。关键技术主要包括分布式分析、机器学习、压缩采样、数字传感器网络、多物理计算、多目标优化等,且需要重点解决网络安全、多物理计算降维方法、岸舰数据传输、预测数据表达等难点。图 1 示出了海军平台数字孪生框架概念。

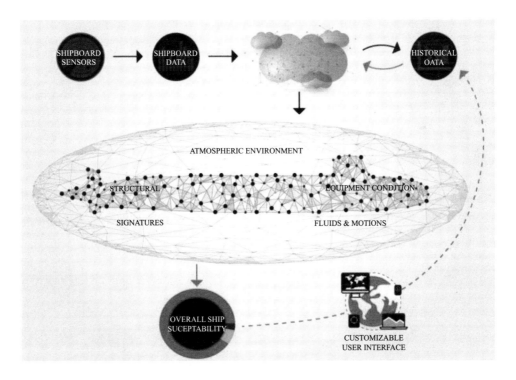

图 1 海军平台数字孪生框架概念

(三)以数字孪生技术为抓手,促进传统船厂现代化升级改造

2018 年 5 月,美国海军成立了船厂基础设施优化计划(SIOP)办公室,

多个海军部门参与管理。其中，海上系统司令部负责计划实施，海军安装指挥部提供安装支持，海军设施工程指挥部提供采购和技术支持，船厂则进行数据采集、规划和项目落实。

2018年2月，美国海军向国会提交了SIOP的第一阶段方案。第一阶段的主要目标是利用数字孪生技术为船厂的焊接车间、泵管车间、材料仓库、办公空间等建立数字模型，分析最佳布局方式，以优化工作流程、减少无效工时、提高生产效率。第二阶段将在第一阶段的基础上，为每家船厂提供包括干船坞、重要设施和关键设备等在内的基础设施的优化方案，包括规模调整、资源优化配置和最佳布局等，尽可能减少具体执行过程中的人员和物资调动。第三阶段将采用更具适应性和灵活性的新技术，实现船厂关键设备的现代化，满足未来舰艇交付和维修需求。

四、海军数字孪生技术应用初显成效

近年来，美国海军积极推进大型舰艇平台、平台作战系统、船厂、舰船关键分系统等的数字孪生模型建设，并取得大量阶段性成果。

在大型舰艇平台方面，美国海军已建立了多型、多艘舰艇的局部或完整的数字孪生模型。美国海军海上系统司令部从2016年起，将构建现役舰艇数字孪生模型作为重点工作，在西海岸诺福克海军基地的"中太平洋地区维修中心"开展试点，先后用激光雷达对航空母舰、驱逐舰、核潜艇外部结构和舱室进行扫描成像；2019年10月，美国海军信息战系统司令部为"林肯"号（CVN 72）航空母舰构建了名为"数字林肯"的数字孪生体，下一步计划构建"艾森豪威尔"号航空母舰（CVN 69）相关系统的数字孪生模型；2020年9月，美国海军水面战中心怀尼米港分部宣布，牵头完成

对 LPD 22 号船坞运输舰关键舱室和水下舰体的激光雷达扫描工作，创建了全舰真实状态的三维数字模型。本次扫描耗时 2 个月，覆盖了全舰超过 80% 的部位；共生成 7000 幅图像，总数据量达 10 太比特；激光雷达生成的每幅图像包含 80 万个数据点，空间分辨率达毫米级。

平台作战系统方面，美国海军正在开发"宙斯盾"系统、"舰艇自防御"系统、潜艇作战控制系统的数字孪生模型，部分模型已完成实弹测试。2019 年 3 月，美国海军"托马斯·哈德纳"号驱逐舰在舰载"虚拟宙斯盾"系统指挥控制下，发射一枚"标准"－2 防空导弹成功拦截目标。"虚拟宙斯盾"系统仅用 1 个计算机机架替代了舰上"宙斯盾"作战系统的 10 余个计算机机架（基线 9），可运行"宙斯盾"基线 9 的全部软件，并通过特殊接口接入"宙斯盾"作战系统核心网络，接收雷达、传感器、通信、指挥控制等信息，从而在系统内测试作战系统软件，或处理后指挥舰载武器作战。2020 年 6 月，美国海军水下战中心纽波分部成功将虚拟潜艇作战控制系统 AN/BYG－1 vTwin 与第三批"弗吉尼亚"级攻击型潜艇集成并通过试航，9 月成功发射两枚操雷，12 月完成首次实弹试验。该系统功能与潜艇作战控制系统相当，但体积仅为其四分之一，24 小时内可完成作战部署。

船厂方面，2019 年 4 月，美国海军海上系统司令部提出，计划将数字孪生技术应用于四家船厂的厂区布局设计规划，以改进工作流程、减少无效工时。预计完成后，船厂每年可节省 30 多万个工时。2021 年 3 月，美国海上系统司令部称，将利用数字孪生技术为船厂的焊接车间、泵管车间、材料仓库、办公空间等建立数字模型，分析最佳布局方式。珍珠港海军船厂已于 2020 年底完成首个数字孪生模型开发，普吉特湾海军船厂现已完成了基准模型设计；诺福克海军船厂于 2021 年 1 月完成数据收集工作，朴茨茅斯海军造船厂于 4 月完成数据收集工作。这四家船厂有望在 2021 年完成数字孪生模型开发。

舰船关键分系统方面，2019年9月，美国纽波特纽斯造船厂建立了"福特"级航空母舰先进武器升降机的数字孪生模型，用于解决升降机故障，确保升降机正常交付使用。2020年7月，美国海军研究局与南卡罗来纳大学以及Navatek公司签订了920万美元的研发合同，开发电力和能源系统的数字孪生原型，研制半自主和全自主决策辅助工具，确保舰船电力系统能满足大功率负载的用电需求。2020年9月，南卡罗来纳大学提出利用数字孪生技术实现舰艇复杂电力电子变换器的状态监测和在线故障诊断的方案。该方案的核心思想，是通过对比电力电子变换器状态参数的测量值和模型给出的期望值，由控制器进行异常状态预警，进而降低电力系统的维护成本，延长使用寿命。目前，研究人员已在半实物仿真条件下验证了该方案的有效性。

五、结束语

美国海军认为，数字孪生技术在提升舰艇结构的安全性、减少系统状态不确定性、降低任务执行风险、加速关键系统交付、缩短维修周期等诸多方面有显著的应用潜力，正大力推进数字孪生技术在大型平台设计、关键系统升级、舰艇维修等领域的探索性应用。但是，数字孪生技术对计算能力、可访问性、带宽、存储，以及由人工智能、机器学习、可视化辅助工具等构成的数据分析能力要求较高，总体而言尚处于应用初期阶段。未来，先进信息技术、强大数据分析技术等的快速发展，将推动数字孪生技术在海军平台的广泛应用，为海军带来按需供应、实时后勤数据、闭环数据链接、预测性维修规划等新的能力。

（中国船舶集团第七一四研究所　方楠）

附 录

2021 年海战领域科技发展十大事件

一、"人工轮机长"舰船自主操控技术获英国国防部支持

2021年4月,英国罗尔斯·罗伊斯公司研发的"人工轮机长"舰船自主操控系统获得英国国防部资助,以进一步提高技术成熟度,应用于军事无人舰船。"人工轮机长"系统根据无人船舶任务、油料状态、设备健康情况等因素,利用人工智能算法,编制舰船航行控制方案,并在较少人工干预的情况下,自主制定航行计划、自动操控舰船、自行处置故障等,确保无人舰船长期安全航行。此外,"人工轮机长"系统还可用于无人潜航器,提高无人编队长期自主航行能力。未来,装配有"人工轮机长"系统的英国海军无人运输舰艇编队(图1),将在大幅提高远程运输补给能力的同时,有效降低补给成本。

二、美国海军网络化多功能雷达完成首次外场技术验证

2021年7月,美国海军研究实验室完成"灵活分布式阵列雷达"

(FlexDAR)的首次外场技术验证（图2）。试验中，两部工作在S波段、异地部署（相距约130千米）的FlexDAR，通过多条高速光纤连接，采用共同的时钟信号，进行了多波束同时收发，并测量了天线副瓣电平、数据吞吐等技术指标，证实该雷达在探测距离、跟踪精度、电子防护等方面达到了预定目标。

图1 搭载"人工轮机长"的无人舰队

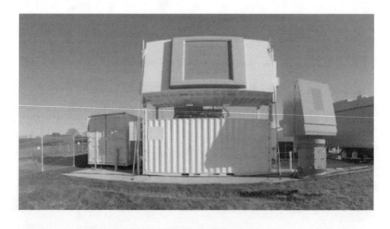

图2 FlexDAR雷达样机

FlexDAR 雷达由 1008 个阵元组成，采用了单元级数字化收发组件和收发全数字波束形成技术，首次在一部雷达天线上实现了探测、通信、电子战等功能；利用多输入多输出技术、多基地波束驻留技术，实现了信号级分布式协同探测。本次试验标志着经过多年的探索性研究，这种颠覆性创新的网络化、分布式、多功能雷达技术取得突破性进展。

三、外军海上协同探测技术取得实质进展

2021 年 5 月，美国海军"阿利·伯克"级驱逐舰"伊格内修斯"号利用荷兰海军"普罗文森"号护卫舰 SMART – L 多任务雷达提供的目标指示信息成功发射"标准"– 3 导弹拦截一枚非分离弹道导弹靶标（图 3）。试验表明，美国海军已可利用盟友水面平台的探测与目标指示能力，指引精确制导武器作战，从而实施灵活的作战策略。

图 3　美国海军与荷兰海军演习

9月，俄罗斯海军在北极地区举行"阿蒂克"演习。演习期间"戈尔什科夫"号护卫舰将其舰载雷达和电子侦察系统探测到的目标方位、航速、航向及局部气象等信息发送给"堡垒"岸基导弹系统，后者根据这些信息发射"缟玛瑙"反舰导弹成功命中靶舰。试验表明，海上协同探测技术已可支持近岸装备与海上装备协同，拓展海上－近岸协同作战范围，提高近岸防御能力。

11月，美国海军研究局和雷声公司成功利用两部AN/SPY－6舰载雷达模拟器，组成协同雷达（图4），对目标进行了分布式协同探测，生成了完整的目标态势信息。这种协同探测方案能够为美国海军提供电磁机动战能力，支撑分布式海上作战。

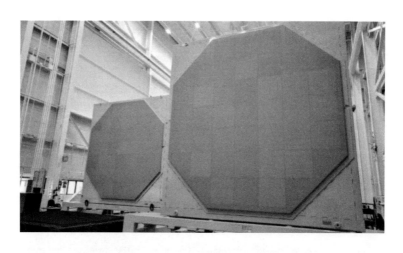

图4　用于协同探测项目的雷达样机

受限于探测能力、处理能力、天线孔径等因素，单雷达探测瓶颈问题日益凸显，协同组网探测成为海战领域雷达技术的重要发展方向。协同探测不仅可以扩大探测范围，提高态势感知能力，还可以通过探测任务优化分配，提高目标探测概率，并实现一定程度的抗干扰和隐身目标探测功能，为实施更灵活的战术奠定基础。

四、美国海军空中无人加油技术趋于成熟

2021年美国波音公司为海军研制的MQ-25A舰载无人加油机样机完成多项加油试验,6月首次为海军F/A-18舰载战斗机加油(图5),8月为E-2D"先进鹰眼"舰载预警机加油,9月为海军F-35C舰载战斗机加油。MQ-25A采用软管式空中加油方式,加油吊舱是"湿"式吊舱,软管长15米,采用MA-3加油接头和直径为0.6米的锥套,加油流量约830升/分钟,加油压力2.5~3.8千克力,吊舱具备可投放、空中放油以及加油软管切断、抛放和密封等应急手段。几次试验验证了无人加油机执行编队评估、尾流测量、锥套跟踪和对接的能力,还分析了两架飞机之间的空气动力学性能,以确定是否需要对制导和控制系统进行调整。

图5 MQ-25A为F/A-18F舰载战斗机加油

这些空中加油实验表明,MQ-25无人加油机相关技术基本成熟,MQ-25无人加油机可在距航空母舰930千米处供油6.8吨,使舰载机有效打击范围延伸560~740千米,并改变由部分战斗机充当加油机的现状。

五、美国海军在"大规模演习2021"中首次大规模运用"实况-虚拟-构造"技术

2021年8月,美国海军在"大规模演习2021"(图6)中利用"实况-虚拟-构造"技术,联合36个"实况"作战单元(舰艇)与50多个"虚拟""构造"单元(仿真器、训练器等)在复杂场景中开展对抗演习,验证了分布式海上作战、远征前进基地作战、对抗环境下的近海作战等概念。"实况-虚拟-构造"技术将现实装备、模拟器和计算机生成的兵力系统联网集成,构建了一个能在实兵、仿真兵力及虚拟战场之间进行互动的集成环境,实现涵盖单兵-系统-体系三个层次的仿真,用于作战训练、战术推演、辅助装备开发等。

图6 海军"大规模演习2021"

美国海军利用"实况-虚拟-构造"技术,可以提升士兵操作装备的熟练度、改善武器装备的实战性能、增强战术实施效果,未来与人工智能技术深度结合后,还可实现训练方案个性化制定、灵活调整,增强战术演

练的对抗性、提高演练效果,在联合演练环境中反复推演战术战法,寻找最优方案等。

六、美国海军能源与动力技术取得突破

2021年8月,美国海军研究实验室在2021年海空天博览会上展示了先进锌基电池技术。锌基电池是以金属锌为负极的新型二次电池,克服了传统锂电池以及铅酸电池毒性大、易燃、循环寿命低、制作成本高的缺点。美国海军研究实验室为锌基电池设计了一种全新的三维锌"海绵"电极结构(图7),大幅提高了电极接触面积,缓解了枝晶问题,改善了锌基电池性能,使能量密度超过100瓦·时/千克,达到铅酸电池的2倍以上。

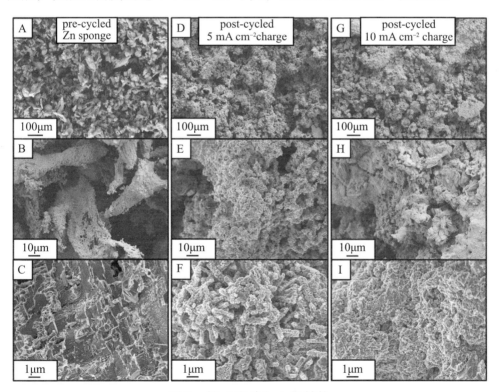

图7 锌"海绵"电极结构

虽然锌基电池的能量密度尚未达到锂离子电池水平,但其安全性远超锂离子电池,且制造成本低,有望广泛用于美国海军的电推进鱼雷、电动无人潜航器等装备,增强水下装备的隐蔽性。

七、美国演示光声效应原理机载声纳

2021年2月,美国斯坦福大学利用光声效应原理研制的新型机载声纳样机,测试了对水下目标的成像能力。光声效应指激光照射水面时,照射点附近水体受热膨胀、汽化、爆炸后,在水中产生声波的现象。这种声波传播到水下目标后被反射,反射声波会穿透水面继续传播到机载声纳传感器(图8)。本次制成的样机使用峰值功率500瓦、波长1070纳米的多模激光器作为照射光源;使用中心频率71千赫、灵敏度5.5微帕$/\sqrt{赫}$的空气耦合电容式微机械超声换能器接收回波。后者是一种简单薄板电容器,薄板可在声波作用下产生位移,引起电容变化,通过检测电容的变化即可检测回波信号。

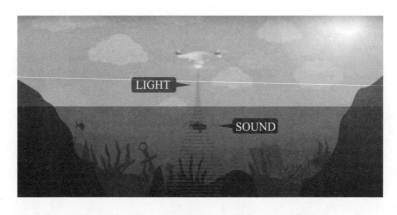

图8 光声效应机载声纳探测方式示意图

这种机载声纳无须湿端传感器，不用向水中投放，探测灵敏度高、系统紧凑，未来可通过改进成像算法实现水下复杂物体三维成像，并利用合成孔径技术进一步提高成像精度。搭载这种声纳的反潜直升机无须进行传感器投放，可大幅提高反潜探测效率，在有限的滞空时间内探测更广水域。未来，该声纳还有望用于反潜无人机。

八、美国海上系统司令部研制出新型多层复合材料装甲

2021年1月，美国海上系统司令部卡迪洛克分部研制出一种多层复合材料装甲（图9）。这种复合材料包含5层结构，自上而下为：低密度、高应变率聚合物810，为低密度、自修复的应变敏感型聚合物，可防弹；混合复合材料编织层820；复合结构650或765；陶瓷板830，由氧化铝、碳化硅、碳化硼、碳化钛、碳化钨、氧化镁或二氧化钛等构成，具备弹道防护性能；高应变率聚合物抗弹织物840，具有高断裂应变；接地层850，一般为铝箔或碳纤维片，可防止电磁耦合干扰。测试表明：在较低的应变速率下，该复合结构中的应变敏感型聚合物弹性模量为6.895~27.58兆帕；在高应变速率下达到2.41~3.45吉帕，拉伸强度从13.79~55.16兆帕提高到551.6兆帕。

目前，舰船用装甲材料主要为陶瓷、高强钢或纤维增强树脂基复合材料等，制成的装甲存在性能单一、密度仍有待降低等问题。这种复合结构材料具有优异的抗弹性能，可作为装甲应用于海军舰船，在战场环境中有效保护舰船重要舱室和人员免受炮弹攻击，大幅提升水面平台的生存力。

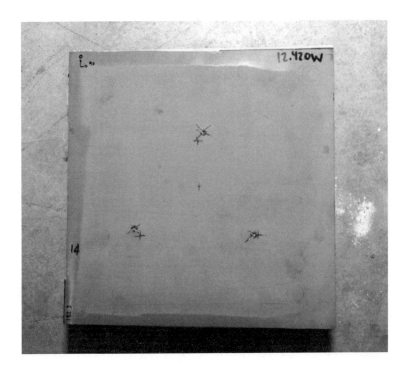

图 9　多层防护材料样品

九、美国海军部发布《智能自主系统科技战略》

2021年7月，美国海军部发布《智能自主系统科技战略》（图10），作为对《无人作战框架》的细化和延伸。该战略提出了"增强现有能力""扩展多域能力""形成全新能力"三大发展愿景，设置了"能力类""人员与流程类""合作伙伴关系类"3类共9项战略目标，并从作战、科学两个方面分析了智能自主系统的影响，最后提出"实施战略投资管理流程""解决海上独特需要""渐进式和颠覆性发展并重""落实技术框架""遵守伦理道德与加强信任"5项推进措施。

图10 《智能自主系统科技战略》封面

该战略旨在以智能自主系统为抓手，促进无人系统、人工智能、自主化技术交叉融合，缩短研发、转化、应用进程，加速颠覆性作战能力形成和作战方式变革。战略内容表明，美国海上两军无人系统发展新思路已基本成熟，将指导未来无人系统技术研发与装备研制。

十、美国海军大力推进海基高超声速导弹技术研发

2021年美国海军大力推动海基高超声速导弹技术发展：一是授予洛克希德·马丁公司研制"常规快速打击"（CPS）武器系统合同；二是海军作战部长迈克尔·吉尔迪表示，将在2025年左右为DDG 1000型驱逐舰列装CPS导弹；三是CPS导弹完成固体火箭发动机一级和二级地面点火试验，验证了发动机矢量控制技术（图11）。

CPS是一型可由水面舰和潜艇发射的助推滑翔式高超声速导弹，采用两级固体火箭发动机，最大飞行速度超过马赫数5，射程超过2200千米。CPS导弹预计2028年前将陆续装备DDG 1000型驱逐舰、"俄亥俄"级巡航导弹核潜艇、第五批次"弗吉尼亚"级攻击型核潜艇。利用高超声速武器高速、远程打击的特点，美国海军可从对手防区外发动突袭，大幅提升对地面目标的快速打击能力。

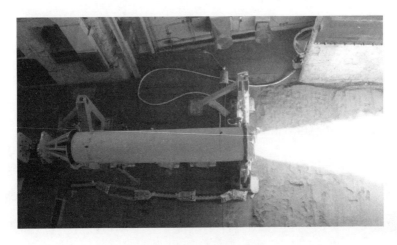

图11　CPS发动机测试

2021年海战领域科技发展大事记

1月

韩国海军公布未来轻型航空母舰概念设计 1月3日,韩国海军公布下一代轻型航空母舰修订版概念设计,并表示该概念设计将在基本和详细设计阶段进一步修改。从概念设计看,该航空母舰采用直通甲板而非滑跃甲板;采用双舰岛。将搭载F-35B短距起飞/垂直降落(STOVL)联合攻击战斗机,搭载的直升机外观上与MH-60R"海鹰"相似;航母打击群属舰主要有KSS-Ⅲ级潜艇,KDX-2级、KDX-3级BatchⅡ、KDDX级"宙斯盾"驱逐舰,"昭阳"级油弹补给舰等。轻型航空母舰设计工作预计从2021年初开始,基本设计约需3年,详细设计和建造需7年,这意味着航空母舰可能在2031年前后交付。

美国海军作战部长发布《先导计划2021》 1月11日,美国海军作战部长迈克尔·吉尔迪发布了未来10年军种战略方针的范本《先导计划2021》,强调要注重平台战备。吉尔迪指出,在预算紧缺的情况下,很难达到所需的战备状态,并为海军新版造舰计划中的采办事项提供资金。考虑到可争取的经费有限，此前完成的"未来海军兵力研究"将作为舰队组成和确定不同事项优先级的基准。然而，如果无法达到"未来海军兵力研究"中假设的经费增长指标，海军将无法负担一支 305～310 艘舰艇的舰队。吉尔迪还表示，即使在新政府即将上任的情况下，他也要发布他的先导计划，这是他认为未来 10 年最佳的方针方向。海军"不能过于在意实际的舰艇数量"，而应该重视平台的能力。此外，还需要提高战备，以强化维持舰队运行的能力。先导计划提出，战备以及能力更强的舰队是发展重点。这才是吉尔迪认为的美国海军未来 10 年真正需要关注的问题。值得一提的是，美国海军新的舰艇采办计划在保持航空母舰数量的同时，更加侧重于中小型水面舰艇、潜艇、后勤舰艇和无人平台。

美军披露反水雷无人自主水面艇问题 1 月 14 日，美国国防部发布《作战试验与鉴定年度报告》，披露了反水雷无人自主水面艇研制中存在的问题。无人扫雷系统是一型自推进、半自助的无人水面艇，搭载声学或磁性扫雷载荷，在 2019 年 11 月的测试中，任务规划器必须参考先前数据来识别和手动输入规划所需元素（扫雷宽度、水雷致动概率等），并未有效规划扫雷任务；由于测试区域缺少声学环境信息，任务规划器采用了错误的相关数据，并未达到预想的扫雷水平；艇载相机和雷达并未提供充分的态势感知能力，来确保远程操作人员有能力规避其他水面舰或障碍；此外，报告还指出了无人水面艇诸多操作性问题，如考虑安全因素，禁止夜间操作，以及无法决定回收、转向、加油和再部署所需时间。

俄罗斯涅瓦设计局公布又一新型航空母舰设计草图 1 月 18 日、22 日，俄塔社公布了俄罗斯涅瓦设计局研制的两种新型远洋战舰的设计草图，其中之一为排水量 4.5 万吨的"紧凑型"航空母舰（代号"巨蜥"级）。该航空母舰排水量 4.5 万吨、长 250 米、宽 65 米、吃水 9 米、最大航速 26

节,搭载50架飞机,包括24架多用途固定翼飞机、6架直升机、20架无人机。

美国海军部发布《北极战略蓝图》 1月5日,美国海军部长、海军作战部长和海军陆战队司令官联合签发《蓝色北极——北极战略蓝图》,以2017年《国家安全战略》、2019年国防部《北极战略》和2020年海军、海军陆战队和海岸警卫队《海上优势战略》为指导,以2019年《海军北极战略展望》和《海岸警卫队北极战略展望》为支撑,提出了未来20年海军部为应对北极航道适航性提升、北极海域战略环境复杂化所采取的战略举措。

西班牙纳凡蒂亚(Navantia)船厂运用Ansys数字化转型解决方案设计新一代海军舰艇 1月,西班牙纳凡蒂亚船厂透露将利用Ansys公司研发的数字化转型解决方案设计和建造新一代舰艇,并提高F-110型护卫舰、S-80级潜艇等新型舰艇性能。该解决方案包含仿真解决方案与数字孪生技术,通过改进纳凡蒂亚船厂的仿真流程和数据管理功能,实现生产流程的自动运行,有望提高船厂的生产能力和效率。其中,仿真解决方案将作为Shipyard 4.0集成业务管理系统的一部分,用于整合海军舰艇全寿期中的各项数字技术,有利于研发高性能舰艇并生产更优的轻量化组件;数字孪生技术将用于监控已服役舰艇的性能和维护需求,以提高安全性和使用效率。

美国海上系统司令部研制出新型多层复合材料装甲 1月,美国海上系统司令部卡迪洛克分部研制出一种多层复合材料装甲。这种复合材料包含5层结构,自上而下为:低密度、高应变率聚合物810,为低密度、自修复的应变敏感型聚合物,可防弹;混合复合材料编织层820;复合结构650或765;陶瓷板830,由氧化铝、碳化硅、碳化硼、碳化钛、碳化钨、氧化镁或二氧化钛等构成,具备弹道防护性能;高应变率聚合物抗弹织物840,具有高断裂应变；接地层850，一般为铝箔或碳纤维片，可防止电磁耦合干扰。测试表明：在较低的应变速率下，该复合结构中的应变敏感型聚合物弹性模量为6.895~27.58兆帕；在高应变速率下达到2.41~3.45吉帕，拉伸强度从13.79~55.16兆帕提高到551.6兆帕。

2月

美国海军测试"蓝水"远程货运无人机　2月21日，美国海军在诺福克基地测试了"蓝水"后勤无人机原型机，该无人机携带轻型后勤物资起飞，最终降落在"福特"号航空母舰上。测试表明，原型机可以在某些条件下执行后勤运输任务，但仍需进一步升级。

法国启动新一代弹道导弹核潜艇项目　2月，法国国防部长称正式启动第三代弹道导弹核潜艇项目。该级艇主承包商为法国舰艇装备集团，共计划建造4艘，将于21世纪30年代中期开始陆续投入使用，最终服役至90年代。

美国演示光声效应原理机载声纳　美国斯坦福大学利用光声效应原理研制的新型机载声纳样机，测试了对水下目标的成像能力。声波很难穿透水和空气间的界面，损失高达65分贝，意味着声波强度将降低约百万分之一，导致从空气中探测声波几乎不可能。目前，使用飞机探测水下目标主要采用声纳浮标或吊放声纳；直升飞机在使用吊放声纳时无法移动，只能反复收放，逐点搜索。斯坦福大学在美国海军的资助下开发了新型光声机载声纳系统（PASS），结合了两项激光产生声波技术和新型声学传感器技术，解决了上述难题，飞机可利用该系统在飞行期间绘制海床图，探测水雷、潜艇等水下目标。

3月

美国海军成立"对位压制"办公室　3月5日，美国海军将网络和IT系统项目管理权限转移至一个新成立的"对位压制"（Project Overmatch）办公室。2月23日，海军负责研发与采办的代理助理部长弗雷德里克·斯蒂芬尼和海军作战部副部长威廉·莱舍尔共同签署一份备忘录，明确："'对位压制'办公室拥有所有与作战网络相关的研发、采办和维护项目管理权限，包括无人系统和远程火力的网络化需求。""此外，办公室还负责发展一种在战役和战术层面执行分布式海上设想所需数据、基础设施、工具和分析的统一方法。"该办公室由直接报告项目经理（DRPM）领导，将直接向负责研发与采办的代理助理部长汇报工作，管理海军海上系统司令部、海军航空系统司令部和海军信息战系统司令部负责的所有网络和IT相关项目。

印度国产AIP系统原型机通过测试　3月9日，印度国防研究及发展组织（DRDO）成功测试了国产AIP系统，该系统计划装备"虎鲨"级柴电潜艇。测试表明，该系统已达到实用化水平。该系统由DRDO下属海军材料研究实验室、拿丁集团、Thermax公司共同研发，采用了燃料电池技术方案，已按要求完成了续航能力测试与全功率测试。

美国会研究服务部发布更新版《海军大型无人水面舰和无人潜航器：背景和国会议题》报告　3月17日，美国国会研究部发布更新版《海军大型无人水面舰和无人潜航器：背景和国会议题》报告，阶段性总结海军大型无人舰艇采办进展。2021财年及以后，海军计划研发和采购三类大型无人舰艇，包括大型无人水面舰、中型无人水面艇和超大排量无人潜航器。2021财年，海军为相关装备及技术申请预算5.799亿美元，国会仅提供了

2.389亿美元资金。海军希望借助相关装备打造更分散的舰队架构，新架构将减少大型水面战舰（巡洋舰和驱逐舰）数量，增加小型水面战舰（护卫舰和沿近海战斗舰）的比例。海军希望采用加速采办策略采购大型无人舰艇，以加快其入役时间。大型无人舰长度为61～91米，满载排水量为1000～2000吨，基于商船设计，低成本、长续航、可重配置有效载荷，尤其是反舰和对陆打击有效载荷。中型无人水面艇长度14～58米，低成本、长续航、可重构有效载荷，最初执行情监侦和电磁战任务。

美国海军部发布《无人作战框架》 3月17日，美国海军部公布了《无人作战框架》。框架由两部分组成：一是整体概念和战略框架，二是行动计划和里程碑执行计划，以确保跨海军合作，确定无人系统将如何用于未来舰队，并最大程度地提高行动能力。

美国海军与国家军备协会合作解决含能材料技术问题 3月19日，美国海军水面战中心印第安黑德分部与国家军备协会（NAC）达成协议，将在6～10年内加快含能材料技术突破。含能材料是弹药和其他常规武器的关键部分，因可用工人数量和部分化学原料不足，弹药供应面临风险。根据协议，海军含能材料相关技术的研究中心将采用灵活的、非传统的"其他交易授权"（OTA）采办方式，责成工业界和学术界的协会成员解决最棘手的问题。新研海军含能系统和技术计划的协议涵盖20个类别，包括舰炮、战斗部、推进燃料、推进系统、军械处理、海军和海军陆战队所有作战环境的模拟。除理论研究外，协会成员还将为海军水面战中心印第安黑德分部开展原型设计、工程开发和小批量生产工作，合同第一年预计产出50个原型项目，总金额5000万美元。此外，供应链管理将确保含能材料的供应来源可靠稳定。

美国海军开发能源仿真与优化工具 3月23日，美国海军研究实验室官网发布消息称,受美国陆军、美国海军陆战队远征能源办公室、美国海军陆战队系统司令部共同资助,美国海军研究实验室替代能源分部的科研人员研发出一套名为 IPOWER 的仿真软件。该软件可对能源的利用、存储、获取与共享进行模拟,协助能源优化决策,解决战场能源短缺问题。

法国开始下一代核动力航空母舰初步设计工作　3月30日,法国武器装备总署(DGA)授出下一代航空母舰(PA-NG)的初步设计合同。该核动力航空母舰采用2组220兆瓦级K22压水堆,航行速度可达27节;排水量75000吨,长300米,可搭载2000名船员;可搭载30架由法国、德国、西班牙未来作战空中系统(FCAS)计划开发的下一代战斗机(NGF)以及无人机,装备电磁弹射器和下一代阻拦装置支持舰载机起降作业;飞行甲板右舷舰岛前方装备有2部可承载40吨的飞机升降机。根据公布的设计图,下一代航空母舰将搭载E-2C/D舰载预警机。其飞行甲板布局与法国现役"戴高乐"号航空母舰有较大不同,与美国海军"福特"级航空母舰相似,舰岛较小且更靠近舰艉。

日本防卫省与三菱重工签订反水雷研究和原型生产合同　3月31日,日本防卫省和日本造船公司三菱重工(MHI)签订了一项研究和原型生产合同,以开发下一代反水雷方案。反水雷技术开发项目由三菱重工与法国泰勒斯集团合作研究,该技术将能探测和分类对船舶航行构成威胁的掩埋雷。据MHI称,该研究和原型制造项目旨在将"安装在三菱重工的OZZ-5自主潜航器中的低频合成孔径声纳与泰勒斯的高频合成孔径声纳"整合,提高自动探测和分类功能的准确性、优化信号处理技术,实现合成孔径信号的实时处理。2024年前,该原型机将在日本测试,然后在法国试用。

西班牙F110护卫舰开展初步设计审查　3月,西班牙纳凡蒂亚造船集团提交了F-110护卫舰初步设计审查的第三批相关文件。该舰采用纳凡蒂亚 SCOMBA 作战系统和集成了 SPY-7 雷达的"宙斯盾"作战系统；搭载泰勒斯公司声纳套件，包括 BlueMaster UMS 4110 和 CAPTAS 4 小型声纳、TUUM-6 水下通信系统和 BlueScan 数字声纳系统；配装莱昂纳多公司 64 倍口径 127 毫米主炮、雷声公司"改进型海麻雀"Block 2 导弹；搭载罗德和施瓦茨公司的外部通信系统、GMV 公司的 SENDA 导航系统，以及康斯堡海事公司的螺旋桨系统。该舰通过在设计中融入工业 4.0 技术以改善全寿期管理。同时该舰将是首艘采用数字孪生技术的舰艇，该技术将优化整个舰艇服役阶段的后勤流程管理。

4 月

美国海军加强多域联合作战演习 4 月 6 日，美国海军"独立"级"塔尔萨"号近海战斗舰（LCS 16）与海岸警卫队"传奇"级"金博尔"号巡防舰（WMSL 756）在东太平洋开展联合演习，以促进海军和海岸警卫队共同建设一体化海上作战力量，维持海上优势并维护国家安全、稳定。

美国海军信息战中心成功举办"先进海军技术"演习 4 月 14 日，美国海军信息战中心在北卡罗来纳州举办的先进海军技术演习正式结束，此次演习由海军信息战中心与海军水面作战中心克兰分部、海军作战发展司令部、海军陆战队作战实验室联合举办，演习持续 10 天，主题为"对抗环境下的一体化海军"，共 160 名技术评估人员对指挥控制、通信、机动、火力及效能、舰队支持以及信息环境中操作六个能力领域的 65 项新技术进行了评估，验证相关技术是否可支持"分布式海上作战"和"远征前进基地作战"等作战概念，24 名海员、60 余名国防部文职人员参与本次演习。

美国海军首次举行以无人系统为重点的舰队演习 4 月 19 日至 26 日，美国海军开展了"无人系统综合作战问题 21"演习，这是海军首次聚焦无人系统的舰队演习，瞄准加快建设有人/无人混合部队。演习由太平洋舰队领导，第三舰队执行，旨在演练无人系统指挥控制，凝练战术、技术和程序，使操作员获得作战环境下的海上无人系统使用经验，演习重点评估情监侦、目标指示与导弹射击、跨域有人/无人编组三方面能力。

美国海军陆战队投资电磁战装备研发 4月25日，美国海军陆战队宣布，未来五年将投资10亿美元用于技术开发，以支撑海军陆战队《部队设计2030》，其中电磁战将成为重要的投资方向。海军陆战队电子战分队负责人布莱恩·阿克森中校表示，海军陆战队将围绕四个方面开发未来的系统：与平台无关的电子战系统，即可由多种平台搭载的系统；系统可以广泛使用、可以扩展，既能由人员手持，也可以车载，在各种作战单位中实现高低功率搭配使用；具有按需配置能力；可以联网并相互协作。

美国海军陆战队提出LXX两栖概念舰 4月26日，美国海军陆战队在新发布的《兵力设计2030》年度更新报告中提出LXX两栖概念舰，未来将替代"圣安东尼奥"级Flight II型船坞运输舰，作为全域两栖作战舰艇与水面舰队联合作战。美国海军陆战队能力发展局（CDD）主任埃里克·奥斯丁称，LXX未来可将全域两栖战舰连接到舰队作战系统中，以更具杀伤力和生存力，还可与Flight II型舰联合部署。

"人工轮机长"舰船自主操控技术获英国国防部支持 4月，英国罗尔斯·罗伊斯公司研发的"人工轮机长"舰船自主操控系统获得英国国防部资助，以进一步提高技术成熟度，应用于军事无人舰船。"人工轮机长"系统根据无人船舶任务、油料状态、设备健康情况等因素，利用人工智能算法，编制舰船航行控制方案，并在较少人工干预的情况下，自主制定航行计划、自动操控舰船、自行处置故障等，确保无人舰船长期安全航行。此外，"人工轮机长"系统还可用于无人潜航器，提高无人编队长期自主航行能力。未来，装配有"人工轮机长"系统的英国海军无人运输舰艇编队，将在大幅提高远程运输补给能力的同时，有效降低补给成本。

5月

美国海军完成增程型先进反辐射导弹飞行试验 5月10日，美国海军在马里兰州帕图森特河航空站完成F/A-18"超级大黄蜂"挂载增程型先进反辐射导弹（AARGM-ER，型号AGM-88E）的飞行试验。该导弹是美国首型专为隐身战机研发的内埋型反辐射导弹，采用了全新的弹体气动布局和新型固体火箭发动机，沿用了AGM-88E的数字式反辐射自动搜寻传感器、全球定位系统/惯性导航装置、毫米波雷达末制导组成的多模复合导弹导引技术。

美国海军概述下一代攻击型核潜艇SSN（X）计划 5月10日，美国国会研究署提交了一份文件，概述了海军下一代攻击型核潜艇SSN（X）部分情况。SSN（X）正在研究三种设计方案，分别为基于"弗吉尼亚"级攻击型核潜艇的设计、基于"哥伦比亚"级弹道导弹核潜艇的设计和一种全新的设计。一位行业官员表示，SSN（X）的型宽（艇径）可能大于"弗吉尼亚"级的10.36米，更接近"海狼"级的12.19米和"哥伦比亚"级的13.11米。SSN（X）将提高从基地到战场的速度以及隐身性能，更注重反潜作战；同时，将携带更多的武器和更多样化的有效载荷，以应对更先进的敌方潜艇和无人潜航器，并与盟友舰艇和部队协同。潜艇专家萨顿表示，SSN（X）可能会使用新的技术，如激光武器、共形阵艇艏声纳、量子技术、更大的武器储藏舱、更多的鱼雷发射管、巨大的舷侧阵列、更安静的电力推进系统、X形舵、适配巡航导弹和未来高超声速武器的垂直发射系统等。

美国海军海上系统司令部希望扩大数字孪生的应用范围 5月14日，美国海军海上系统司令部负责人海军中将比尔·卡莱维斯表示，数字孪生技术已经帮助海军在升级和维修中节省时间与成本，提高了海军作战能力，但他希望这种能力扩展到舰船的全寿期中。卡莱维斯中将透露，"虚拟宙斯盾"作为宙斯盾作战系统的数字孪生系统，已经帮助海军快速测试"宙斯盾"作战系统的新能力，加速新能力部署。海上系统司令部还为某些机械和设备开发了数字孪生系统，如燃气轮机。燃气轮机数字孪生系统已经帮助海军快速确定了一艘海外部署的舰船上燃气轮机的故障机理，从而以最快的速度提供维修零件，比传统方法节省了数周时间。卡莱维斯表示，目前海军和工业部门都在使用一些数字化造船工具，但这些工具功能单一需要集成在一起，创建全面的数字化环境，以支持海军概念设计、详细设计和后续研发、制造、运行维护。在海上系统司令部执行数字化转型战略的同时，网络安全也是其关注重点，海上系统司令部正在加强舰艇的网络防护，开发相关工具。

俄罗斯军事工业委员会委员介绍未来海军装备发展情况 5月18日，俄罗斯军事工业委员会执行委员会、联邦政府海洋委员会成员弗拉基米尔·波斯佩洛夫就《2024—2033年国家武备发展计划》论证情况做出说明，其中重点谈到未来海军装备发展情况：计划到2030年前，完成第四代核潜艇、20385和20386型轻护舰、22350M型（排水量增至8000吨）护卫舰的建造；2030年前着手建造第五代核潜艇；增强水面舰艇的隐身性，一方面将雷达天线集中隐藏于上层建筑中，另一方面是船体使用复合材料和特殊涂层；严控舰艇配装设备质量。

美国海军成功测试高超声速导弹发动机 5月27日，美国海军战略系统项目办公室成功测试了一级固体火箭发动机，在整个测试阶段，发动机的运行性能达到了预期目标。该发动机将作为海军"常规快速打击"（CPS）高超声速导弹和陆军"远程高超声速武器"（LRHW）助推器的一部分。

6 月

美国海军发布更新版《2022 财年海军长期舰艇建造计划》 6 月 17 日，美国海军发布了《2022 财年海军长期舰艇建造计划》的更新版本，较 2020 年 12 月 9 日发布的版本内容更加简短，仅包含 2022 财年预算申请的造舰计划，并且未附带 30 年计划。文件指出：美国海军未来的投资重点将包括确保海军的生存能力和潜艇部队的杀伤力；维系联合部队最具生存能力和适应性的航空母舰；增加中型水面舰以更好地支持"分布式海上作战"。此外，作战后勤舰艇将强化海军在大国竞争和冲突中的可持续性。

美国海军研发出大直径氮化镓衬底 6 月 8 日，美国海军研究实验室研发出大直径氮化镓衬底，未来可使氮化镓器件在电力电子领域逐步替代硅基半导体器件。与硅等传统半导体材料相比，氮化镓材料可在更高的电压、频率和温度下保持稳定，且成本低、重量轻、容易加工。大直径氮化硅晶片可提高氮化镓器件的加工效率，降低加工成本。美国海军研究实验室自 2000 年开始研究氮化镓衬底，并与硅谷 QROMIS 公司展开技术合作。美国海军研究实验室电气、大功率器件研究部门的专家表示，氮化硅器件是一种宽带隙半导体，可在较高的电场环境下工作，耐压值高达 1200 伏；同时，该器件开关频率高且导热好，能够匹配体积更小的变压器和大功率电感。

韩国韩华公司展示潜艇锂离子电池技术 6 月 9 日，韩国韩华公司在 MADEX 2021 防务展上展示其潜艇锂离子电池技术，该技术将应用于韩国

KSS-Ⅲ Batch Ⅱ型柴电潜艇。KSS-Ⅲ型潜艇是韩国下一代柴电动力潜艇,其动力系统包括柴油机、电机、燃料电池 AIP 与锂离子电池,水下航速12节,水面航速20节,航程可达10000海里。新型锂离子电池可将 KSS-Ⅲ Batch Ⅱ型潜艇的高速巡航能力提高3倍,经济巡航能力提高1.6倍,水下航行时间提高2倍,并大幅提高动力系统的寿命。韩华公司负责将锂电池组与潜艇其他部件进行集成,该公司高度重视锂电池组的安全性与可靠性。

韩国公布轻型航空母舰及配套系统设计方案　6月12日,韩国现代重工和大宇造船公司在釜山举行的国际海事国防工业展览会上,分别展示了韩国轻型航空母舰(CV-X)设计方案。此外,韩华系统、通用电气、罗尔斯·罗伊斯等公司在展览上还展示了将在 CV-X 上装备的相关配套系统。2021年1月,韩国海军发布轻型航母招标书,要求飞行甲板长约238米、宽62米、标准排水量3万吨、满载排水量超过4万吨;采用直通甲板和双舰岛设计;不设坞舱,不能搭载登陆艇;可搭载20架飞机,包括12架F-35B战斗机和8架旋翼飞机,可搭载海军陆战队武装直升机,人员编制720名。随后,韩国武器采办局宣布临时拨款约20亿美元建造一艘3万吨级航空母舰,并计划2033年投入使用。韩国国防部正在对该项目开展进一步审查和研究,最终设计方案尚未确定。

美国海军计划为每艘"朱姆沃尔特"级驱逐舰装备12枚高超声速武器

美国海军2022财年预算申请显示,美国海军计划为3艘 DDG 1000 型驱逐舰各配装12枚远程高超声速打击导弹以及配套的冷发射系统,这项工作计划2025年完成,此前美国海军曾计划优先为攻击型核潜艇配装常规快速打击武器(CPS)。海军发布的2022财年预算申请文件中披露了 CPS 最新的发展细节,CPS 将采用二级固体火箭发动机和海军和陆军共同开发的通用高超声速滑翔弹头。海军计划沿两条路线推进相关工作,一方面改进 DDG 1000,另一方面持续推进 CPS 研发。为此，美国海军申请了 1.125 亿美元预算，用于 DDG 1000 驱逐舰的系统开发和验证，以支持 CPS 上舰；海军战略系统项目办公室则申请了 13 亿美元用于开发 CPS 相关部件和样弹。据海军预算，新的垂直冷发射系统采用了与"俄亥俄"级巡航导弹核潜艇的发射筒和第五批"弗吉尼亚"级攻击型核潜艇的"弗吉尼亚负载模块"类似的技术。美国海军计划分三阶段为 DDG 1000 驱逐舰加装高超声速导弹：第一阶段是拆除舰载"先进舰炮系统"，并计算加装 CPS 所需的空间和质量变化；第二阶段将加装 CPS 发射装置，包括发射管隔振装置和舱口-甲板接口设计；第三阶段是设计并集成 CPS 的武器控制系统。预算估计，CPS 在 2025 年有望达到 24 枚的年产量。

7 月

克拉托斯公司开始为美国海军构建高超声速试验系统 7 月 1 日，美国海军水面战中心怀尼米港分部的白沙靶场与克拉托斯公司签署合同，委托后者开发高超声速实验测试系统。该系统将用于开展高超声速导弹在相关环境中的飞行测试，使低技术成熟度的部件快速成熟，用于未来的导弹研发。克拉托斯公司总裁指出，这套试验系统将以成熟的探空火箭为基础构建，可对推进、热防护、导引头窗口、控制等高超声速关键技术开展快速现场飞行试验。

日本披露下一代海上巡逻艇更多细节 7 月 19 日，日本防卫省采购、技术和后勤局证实，该部门正在为日本海上自卫队研发下一代海上巡逻艇 (OPV)。新艇将基于模块化系统定制，载员更少，并搭载自主导航系统和先进的情报、监视、侦察设备，具备更高的自动化水平、更强的机动性和持续作战能力。此外，该艇采用低雷达横截面设计，且油耗小、易于维护。

美国海军为高能激光武器开发智能火控系统　7月29日，美国海军水面战中心达尔格伦分部披露，正在为高能激光武器开发智能火控系统。高能激光武器的火控系统构成复杂，操作员需要处理大量目标信息，对操作员的人机协作研究结果表明，急需开发决策辅助工具。为此，研究人员将机器学习算法应用于火控系统，使该系统具备一定的自主性，可辅助操作员决策。测试结果表明，新系统可使操作员准确、快速瞄准目标，减轻操作压力。未来，研究人员还将开展多变量分析、相互作用分析、精度测试等多项测试工作。研究人员表示，该项目证实了激光武器与智能技术相结合的重要意义，将进一步研究决策辅助工具应用于其他战术决策。

美国海军测试飞机腐蚀检测新技术　7月，美国海军东部舰队战备中心（FRCE）披露，近期测试了Gray Gecko公司开发的新型飞机腐蚀检测工具——Grey Gecko实时检测系统（GRIT），检测时无须去除飞机表面涂层。F-35"闪电"Ⅱ项目办公室负责人称，腐蚀是航空装备使用过程中反复出现的问题，会影响飞机的正常服役并导致维护成本显著增加。目前飞机的腐蚀检测大多采用传统工具进行目视检查，通常需要花费大量工时去除表面涂层；同时，检测结果主要取决于操作人员的工作经验，主观性较高。海军航空系统司令部称，新工具采用的中红外摄像机可穿透涂层获得飞机部件的表面图像。Gray Gecko公司的研究人员认为，使用新工具可实现飞机腐蚀状态的无损检测，预计将腐蚀导致的停机时间减少约25%，检测过程所需人员数量有望减少50%以上。

美国海军暂停发展电磁导轨炮　7月，根据美国海军最新发布的2022财年预算申请，其已暂停发展电磁导轨炮。美国海军发言人称，将在2021年底暂停电磁导轨炮的研制工作，为高超声速导弹、定向能系统（如激光）、电子战系统腾出资源。

美国海军决定向"对位研制工程"投入更多资源 7月,海军预算助理部长帮办约翰·冈布尔顿少将表示,海军预算申请中包括三个支持"对位研制工程"的机密研发项目。此外,海军信息战系统司令部近期宣布了两项支持"对位研制工程"的奖励挑战:第一项挑战是探索新型网络技术,以提升海上战术网络之网络的覆盖范围、能力和弹性;第二项挑战将专注于人工智能系统。"对位研制工程"负责人、海军信息战系统司令部司令斯莫尔表示:"'对位研制工程'正在实现'海战体系架构',用于'缝合'海军各种要素,以提供增强的分布式海上作战。"海军研发和采办助理部长斯蒂法尼表示:"'对位研制工程'将提供一个无缝网络,统筹海军全域的指挥和控制工作,并促进未来有人/无人舰队协作。"

美国海军部发布《智能自主系统科技战略》 7月,美国海军部发布《智能自主系统科技战略》,作为对《无人作战框架》的细化和延伸。该战略提出了"增强现有能力""扩展多域能力""形成全新能力"三大发展愿景,设置了"能力类""人员与流程类""合作伙伴关系类"3类共9项战略目标,并从作战、科学两个方面分析了智能自主系统的影响,最后提出"实施战略投资管理流程""解决海上独特需要""渐进式和颠覆性发展并重""落实技术框架""遵守伦理道德与加强信任"5项推进措施。

美国海军网络化多功能雷达完成首次外场技术验证 7月,美国海军研究实验室完成"灵活分布式阵列雷达"(FlexDAR)的首次外场技术验证。试验中,两部工作在S波段、异地部署(相距约130千米)的FlexDAR,通过多条高速光纤连接,采用共同的时钟信号,进行了多波束同时收发,并测量了天线副瓣电平、数据吞吐等技术指标,证实该雷达在探测距离、跟踪精度、电子防护等方面达到了预定目标。

8 月

纽波特纽斯造船厂正采用新技术进行舰船建造和维修 8 月 2 日，纽波特纽斯造船厂（NNS）披露，船厂目前正在采用增材制造、激光扫描、增强现实、5G 和数据分析等新型技术检修和建造 34 艘舰船。纽波特纽斯造船厂主席称，目前可采用增材制造技术生产超 272 千克的组件，该技术在通过海军验证后将应用于舰艇建造。她还表示，"企业"号航空母舰（CVN 80）是首艘采用数字化技术建造的航母。自 2016 年以来，纽波特纽斯造船厂投资 19 亿美元以用于扩建潜艇设施，建造联合生产和装配工厂，更换新型 310 吨起重机，改进机械、铸造和钢铁冶炼车间和建设造船厂数字基础设施等。

美国海军正在开发聚焦后勤支援的兵棋推演 8 月 9 日至 10 日，美国海军水下战中心基波特分部为新的兵棋推演概念举办了一次演练开发活动。此次活动是"与同等对手冲突中的前线作战后勤"（WOLFPAC）开发的一部分，目的是工作人员完善推演规则和能力。与其他侧重演习或作战行动的兵棋推演不同，WOLFPAC 聚焦于长期后勤支援、分布式海上作战的影响，探究了和平时期向战时过渡和战时行动中的动态变化。这项推演是公开的，可作为教学材料供全员使用，直接支持 2021 年 1 月发布的《战时采购响应计划指南》中战略目标的实现。首轮 WOLFPAC 倾向于武器和燃料，未来可能会加入战损评估、维修补给、新技术运用等，以及与其他兵棋推演集成关联。理想情况下，在此次"测试"后，WOLFPAC 将在 2022 年最终确定并分发各作战中心。

诺福克海军造船厂使用冷喷涂增材制造技术修复潜艇部件 8 月 13 日，诺福克海军造船厂（NNSY）采用冷喷涂增材制造技术成功修复了"帕萨迪纳"号核潜艇的两个阀体。修复过程需先对冷喷涂机器人进行编程，再利用机器人对组件进行加工处理，实现一次性完成维修工作。部件损坏时，若直接采购新部件通常需要 1 年。采用冷喷涂增材制造技术能显著缩短部件维修时间，还可以修复传统维修技术无法维修的部件，预计可将零件的使用寿命延长数十年。早在 2019 年，时任海上系统司令部司令的摩尔上将就将冷喷涂在船厂的应用列为五大优先事项之一。船厂冷喷涂技术主管表示，团队 2020 年首次使用该技术，目前已用于大量零部件的修复。

美国海军第 3 舰队成功完成"大规模演习 2021" 8 月 17 日，美国海军第 3 舰队成功完成"大规模演习 2021"（LSE2021）。这一全球性综合演习共持续 12 天，参与单位包括航空母舰、驱逐舰、潜艇等约 36 艘现役舰艇及超过 50 个虚拟单位。作为美国国防部"大规模全球演习 21"（LSGE21）的一部分，海军"大规模演习 2021"旨在评估和演练分布式海上作战、远征前进基地作战、对抗环境下的近海作战等作战概念，完善多个舰队的同步海上行动能力。

土耳其公司发布未来潜艇战情中心概念 在 8 月 17 日至 21 日伊斯坦布尔举行的国际防务展（IDEF 2021）上，土耳其国防承包商 HAVELSAN 公司推出了未来潜艇战情中心概念。该中心将与土耳其海军 MILDEN 级潜艇集成。HAVELSAN 公司的"潜艇战情中心"概念设计以"设计未来"作为基本思路，目标是满足潜艇从设计到退役全周期的人员、作战、后勤需求；采用"以人为本"的设计理念，结合人工智能、机器学习、大数据、物联网、自主系统等多种技术，通过预判操作流程减少人为失误，提高工作效率；创建圆形布局，便于指挥官进行全局指挥，并最大程度提高艇员互动性。

美国海军研究局研制超导磁/声扫雷装备 8 月 17 日，美国海军披露正在开展"磁声下一代无人超导扫雷"（MAGNUSS）项目，旨在研发一种新的基于高温超导（HTS）磁源和先进声发生器的无人扫雷装备。该项目由美国海军研究局（ONR）管理，是未来海军能力（FNC）的一部分，目的是在反水雷无人水面艇上（MCM USV）集成和部署 MAGNUSS 装备。美国海军当前使用的反水雷无人水面艇装备"无人感应扫雷系统"（UISS），包括拖曳式 Mk 104 声发生器和磁性扫雷电缆。为进一步改进扫雷效率，"磁声下一代无人超导扫雷"项目采用高温超导技术提高磁信号水平，并进一步改进声发生器，形成非拖曳式磁/声联合扫雷系统。

英国海军有意将仿生设计应用于海上无人平台推进系统 8月21日，英国海军发布一份信息征询书，计划在无人水面艇和无人潜航器的推进系统设计中参考鳐鱼、企鹅、海龟、海蛇等动物的游动方式。信息征询书旨在实现四个目标：一是了解当前和未来技术；二是详细了解相关技术的应用实例；三是使工业部门的能力和流程能够满足英国国防部的需求；四是制定研发和采办战略，促进该领域创新能力的发展。

美国海军水面战中心尝试将激光武器集成至舰艇电网 8月，美国海军水面战中心的科研人员表示，需采用创新方法来同时满足高能激光武器等高能耗用电设备和舰艇其他设备的电力需求。2019年，水面战中心费城分部与达尔格伦分部合作研发并演示了"发电与能源分析与仿真系统"（PEGASUS），展示了将大功率武器集成至舰艇电网的可行性。2021年3月，两分部合作研究了舰艇定向能武器、电源、热管理系统的特性与耦合关系，并采集了50千瓦激光器的电流、电压、热特性数据，用于提高模型精度。目前，研究人员正准备研发300千瓦激光器，用于"高能激光武器对抗反舰巡航导弹"项目。目前，美国海军正计划在"阿利·伯克"级和下一代驱逐舰上部署激光武器，水面战中心的官员也鼓励科研人员进行创新，将高能武器与舰艇电网进行集成。费城分部首席工程师表示,高能武器与舰艇电网集成后,不会影响舰艇其他设备供电。此外,将武器系统接入舰艇电网将面临电源、控制等工程问题,科研人员将开发储能系统、配套的建模与仿真工具,并进行测试评估。定向能武器和下一代传感器耗电量极大,需要先进的电力与能源系统,这使得电能成为杀伤链的基础,功能强大的弹性电网成为快速部署任务负载的关键。

美国海军能源与动力技术取得突破 8月,美国海军研究实验室在2021年海空天博览会上展示了两项先进的能源与动力技术:一是海水合成燃料技术,通过海水酸化、电解制取二氧化碳和氢气,在催化剂的作用下以92%的效率将气体转化为液态燃料。这种高效的海水合成燃料技术有望用在无人潜航器、无人水面艇中,大幅延长无人系统续航时间,提高无人系统使用的灵活性。二是先进锌基电池技术,美国海军研究实验室设计了一种全新的三维锌"海绵"电极结构,大幅提高了电极接触面积,缓解了枝晶问题,改善了锌基电池性能,使能量密度超过100瓦·时/千克,达到铅酸电池的2倍以上。虽然锌基电池的能量密度尚未达到锂离子电池水平,但安全性远超锂离子电池,且制造成本低,有望广泛用于美国海军的电推进鱼雷、电动无人潜航器等装备,增强水下装备的隐蔽性。

9月

美国海军首次在大型无人舰试射"标准"-6导弹 9月3日,美国海军借助"游骑兵"号大型无人舰首次开展无人水面舰艇试射"标准"-6导弹试验,美国国防部新闻发言人随后宣布试验取得成功。本次成功试射,既验证了"标准"-6导弹配装于无人水面舰艇的兼容性和可行性,还证实美国海军分布式海上自主隐蔽作战的可操作性。

RE2 机器人公司将为美国海军开发水下自主系统 9月14日，RE2机器人公司官方表示，该公司获海军研究局一份950万美元合同，为美国海军开发水下自主机器人系统，以清除水下水雷威胁。这项计划被称为"海上水雷压制系统"（M2NS），利用RE2"智海"级系统精确布放压制装置至水下水雷和浮式简易爆炸装置处。RE2"智海"级的手臂最初是为海军研究局设计开发的，设计紧凑、强大、机电化，灵活性高（每个手臂有7种功能），且具有中性浮力。

罗尔斯·罗伊斯公司公开展示船舶自动化系统 在9月14日至17日举行的伦敦军警防务展览会上展示了mtuNautIQ系列船舶自动化系统。mtuNautIQ包括一系列全新的和经过验证的平台管理和船舶控制系统，适用于不同吨位的军舰。mtuNautIQ自动化系统可应用于新建船舶，也可在简易改装后用于现有船舶。罗尔斯·罗伊斯公司动力部门高管表示，mtuNautIQ整合了旗下动力设备供应商MTU公司和船舶自动化技术公司Servowatch的技术优势，可向客户提供先进的船舶自动化技术，并通过数据采集与分析提供更为可靠的服务。

韩国公布新型超声速反舰导弹 9月15日，韩国公开了5型新武器，其中包括一型超声速反舰导弹。该导弹外观上与俄罗斯"宝石"超声速反舰导弹类似，飞行速度可达马赫数2~3，未来可由下一代驱逐舰（KDDX）和第二批KDX Ⅲ驱逐舰搭载，用于精确打击敌大型水面目标。同日，韩国国防部还公开了该导弹两次试射的视频：第一部视频显示，导弹快速贯穿了靶船上的靶网；第二部视频显示，导弹击中了支撑靶网的金属杆。试验证明，该导弹可精准打击大型水面目标水线附近部位。

美国海军采用数字孪生技术开发新型健康监测系统 9月，美国海军水面战中心披露，卡迪洛克分部、怀尼米港分部以及费城分部正在合作开展一项为期3年的海军创新、科学与工程项目,该项目旨在利用数字孪生技术提升舰队基于状态的维修能力。项目计划设计、开发和演示一种自主连续监测系统,用于海军自防御试验舰(SDTS)船体、机械和电气(HM&E)系统的高效健康监测。目前,美国海军主要通过船员手持分析仪收集潜艇旋转和往复式机械的振动数据,再将收集的振动数据发送给技术专家分析,从而实现健康监测。但是,这种健康监测方法耗时长、信息反馈延迟、错误率高。新开发的监测系统未来可通过为潜艇和航空母舰的机械和船体结构配备传感器,利用边缘计算和数据特征提取辅助数据收集,并使用机器学习算法确定相应系统和结构是否正常运行,同时借助数字孪生技术预测未来可能发生的故障情况。

10月

俄军检验舰船与岸基导弹协同作战的新战术 10月19日,媒体报道俄罗斯海军在9月的北极演习期间,从弗朗兹约瑟夫地群岛的岛屿发射"堡垒"岸基导弹系统,成功摧毁假想敌舰,22350型"戈尔什科夫海军上将"号护卫舰为"堡垒"提供目标指示。试验过程:舰员利用雷达和电子侦察系统,探测到假想敌目标后,进行坐标、速度、行进方向、所处区域天气等信息采集,并传输至"堡垒"岸基导弹系统。"堡垒"根据接收信息向远距离海上敌舰发起打击。"堡垒"的探测系统位于岸上,不具备探测远距离海上目标的能力,而借助护卫舰的目标指示,则可使其击中极限射程处的目标。

美国新任海军部长发布战略指南 10月8日,美国新任海军部长卡洛斯·托罗发布任上首份战略文件——《打造一体化的海军-海军陆战队团队:海军部长的战略指南》,阐述了海军部的愿景、面临主要挑战及三大优先事项，旨在为美国海军战略规划、投资、预算和人事决策提供指导。

俄罗斯海军计划列装自杀式无人机　10月29日，媒体透露俄罗斯海军计划列装一批自杀式无人机。俄罗斯专家评估，这些无人机将用来打击地面和海上目标，尤其适用于打击恐怖组织的轻型快艇和机动小艇；配装摄像头，可执行侦察任务；部署后可增强俄罗斯舰艇平台战斗力，并可用于支援海军陆战队和特种部队行动。

美日在南海开展战术演习　根据美国海军2021年10月29日公布的信息，日本海上自卫队和美国海军在南海开展了一系列战术水面作战演习。参与本次演习的装备包括，日本海上自卫队"村雨"级驱逐舰"骤雨"号（DDG 103）和美国海军"独立"级近海战斗舰"杰克逊"号。演习期间，两艘舰艇组成水面行动大队（SAG），实施一系列水面作战战术，包括飞行行动、通信演习和协同战术演习，旨在增强装备间的互用性，并使舰船能有效实施双边战术。

美国海军公布F/A－XX战斗攻击机细节　10月29日，美国海军发布的《海军航空兵愿景2030—2035》（公开版）透露了其下一代战斗攻击机F/A－XX的作战概念及设计细节。F/A－XX是下一代空中优势（NGAD）项目的一部分，将取代服役至21世纪30年代的F/A－18E/F"超级大黄蜂"战斗攻击机，并与F－35C成为未来航母舰载机联队的主力机型。相比于F/A－18E/F，F/A－XX航程更远、速度更快，集成主动、被动传感器技术，能够搭载未来的远程打击武器、高超声速导弹等。更大的航程使航空母舰能够在距离目标更远的海域起降舰载战斗机；搭载远程打击武器，可扩大战斗机防区外打击范围，使航空母舰远离敌反舰巡航导弹等的威胁。此外，《海军航空兵愿景2030—2035》还明确指出，F/A－XX战斗攻击机是未来航母舰载机联队有人/无人协同的核心，将与2架携带空空导弹的无人机、1架配备电子战系统和1架配备指挥与控制系统的无人机组成有人/无人编队。

美国海军水面战中心惠内姆港分部运用海军持续训练环境 10月,美国海军水面战中心惠内姆港分部(NSWC PHD)运用海军持续训练环境(NCTE),构建舰队的实况、虚拟、构造(LVC)训练环境。海军持续训练环境由网络、仿真、仿真路由设备、数据转换设备和现场训练靶场系统组成,由位于加利福尼亚州的海军水面战中心科罗娜分部负责环境开发、管理、运营和维护。海军持续训练环境可以生成各种此前未在实战演习中出现的场景,但这些场景很可能出现在未来海战场。近期,美国海军"阿利·伯克"级导弹驱逐舰"菲茨杰拉德"号(DDG 62)作为首艘访问惠内姆港分部的舰艇,使用该环境生成了多反舰巡航导弹来袭的复杂场景,以训练该舰舰员。此外,"大规模演习2021"(LSE 2021)期间,来自海军舰队司令部、太平洋舰队和海军欧洲-非洲司令部的部队使用海军持续训练环境执行了实况、虚拟、构造演习。

11月

韩国开发改进型"蓝鲨"鱼雷 11月2日,韩国国防采办项目管理局首次宣布将开发一种鱼雷系统,以增强潜艇的防御能力。该项目价值1600亿韩元(约合1.34亿美元)。DAPA表示该项目属于"蓝鲨"鱼雷的改进型,由韩国国防科学研究所和LIG Nex1公司联合开发,计划2028年前完成。"蓝鲨"鱼雷是一种轻型反潜鱼雷,每枚鱼雷成本约10亿韩元(约合84万美元)。该鱼雷长2.7米,直径32厘米,质量280千克,最大航速45节,射程19千米,2004年交付韩国海军,可从水面舰、反潜直升机和海上巡逻飞机上发射。菲律宾海军是该鱼雷的第一个出口客户,装备其"山猫"

反潜直升机。

美国海军下一代海面搜索雷达将使用地形透视地图引擎技术 11月29日，超级电子集团海军系统与传感器分部称，将使用康斯伯格集团地理空间公司的地形透视地理空间软件开发工具，为美国海军下一代海面搜索雷达（NGSSR）提供地理空间显示与渲染引擎。2020年7月，超级电子集团海军系统与传感器分部与美国海军签订4200万美元合同，研制下一代海面搜索雷达。该雷达兼具导航、对海搜索、潜望镜探测等功能，将替代美国海军AN/SPS-67、AN/SPS-73等雷达。地形透视软件开发工具将为下一代海面搜索雷达操控台提供下一代高性能地理空间与3D显示能力。

美军加快触觉反馈技术投入，以强化军事训练能力 11月，美国工程和计算机仿真公司开设了一个新的实验室，为陆军、海军和海军陆战队测试新的触觉反馈技术。该实验室是美国首批此类实验室之一，或引领触觉反馈技术在国防部各部门医疗和维修培训领域的应用方向。工程和计算机仿真公司首席执行官兼总裁韦蒙·阿姆斯特朗表示，如果戴着触觉反馈手套的士兵或战地医生能感受到扣动真实扳机或扳动真实开关的感觉，这样他们在实际环境中就更有可能正确完成工作。2021年9月，美国海军陆战队授予工程和计算仿真公司以及其他6家公司不确定交付/不确定数量合同，总价值约2.38亿美元；并将触觉反馈技术纳入其先进的部队训练系统Next中。陆军方面也在考虑集成该技术，如陆军仿真训练技术中心资助了一项手套触觉反馈技术研发项目。

美国海军验证可用于SPY-6雷达的网络协同雷达技术 11月，美国海军研究局联合雷声公司成功验证网络协同雷达技术。这项技术可通过软件升级迅速应用于SPY-6雷达，提升美国海军电磁机动作战能力，支撑构建分布式探测网络，落实分布式海上作战概念，应对新兴威胁。协同雷达能够对特定区域生成更全面的目标图像，共同识别、跟踪威胁目标，将推动下一代软件定义孔径的发展。

美国海军首次在舰艇上测试多功能自动修复便携式机器人系统 11月，美国海军近期首次在舰艇上使用多功能自动修复系统（MARS）进行了冷喷涂测试。多功能自动修复系统是一种便携式机器人系统，由宾夕法尼亚州立大学应用研究实验室开发建造，能够安装多种末端维修执行器，可执行除漆、打磨、超声波检查和冷喷涂修复等多种操作，简化了船舶维修任务。测试过程为期一周，首次在舰上测试了新开发的冷喷涂系统。目前，海上系统司令部仅能在特定的冷喷涂设施中对船舶部件进行冷喷涂维修，系统应用后将简化冷喷涂操作流程。除冷喷涂系统外，还测试了打磨、等离子喷涂、超声波检查等功能。测试完成后，宾夕法尼亚州立大学将对系统进行改进，计划2022年正式推出。该系统在接受审查后将安装于造船厂，还可用于远征或前沿部署环境。

埃尔比特系统公司为英国海军研制新型舰载电子支援与电子战指挥控制系统 11月，埃尔比特系统公司下属英国子公司获得巴布科克国际集团1亿美元合同（7300万英镑），开展"海上电子战系统集成能力项目"（MEWSIC）增量1研究，为英国海军提供新的电子战装备。根据合同，埃尔比特系统公司将设计制造全数字、全频谱雷达电子支援装备和电子战指挥与控制系统。这些装备将提高英国海军主战平台的态势感知与反舰导弹防御能力，以及利用电磁频谱的能力。

12月

英国海军公布自主反水雷作战系统发展计划 12月6日，英国海军公布了自主反水雷作战系统（MHC）发展计划，计划分成MHC Block 1和

MHC Block 2 两个阶段进行研发。MHC Block 1 阶段将提供三套作战系统，于 2022 年底开始交付，计划 2023—2024 年投入使用，分别部署于克莱德海军基地、朴次茅斯海军基地和海湾地区，替代 2021 年至 2025 年退役的"桑当"级扫雷舰。作战系统将包括便携式操作中心、一艘无人水面艇、拖曳声纳、反水雷系统、无人潜航器、无人扫雷系统，可部署在皇家海军舰队、皇家海军辅助舰队、商业运输船和海岸上。在 MHC Block 2 阶段，自主反水雷作战系统将成为海上反水雷任务的主要装备，并于 2024 年进行成本分析，以决定是否投资。

莱昂纳多公司向美国海岸警卫队巡逻舰提供辅助推进系统 12 月 6 日，莱昂纳多公司获得美国东方造船集团授出的合同，为美国海岸警卫队的近海巡逻舰提供辅助推进系统。根据合同内容，莱昂纳多公司将提供基于高性能永磁同步电机的辅助推进系统，该系统可满足美国海岸警卫队的任务需求，提高舰艇续航力、低速性能和燃油经济性，降低污染物排放与噪声水平，并在主推进系统故障时为舰艇提供动力。莱昂纳多公司表示，辅助推进系统可降低舰艇柴油发动机的运行时间，由于辅助推进系统中的永磁同步电机维护成本低，因此该系统可降低舰艇全寿命周期的维护成本。此外，柴油发动机在低速运行时磨损明显，效率较低，在此工况下启动辅助推进系统可有效解决上述问题，可将柴油发动机大修周期由 15 年延长至 25 年。

美国海军水面战中心演示先进锂离子电池储运技术 12 月 8 日，美国海军水面战中心卡迪洛克分部在马里兰州阿伯丁试验场成功演示了先进锂离子电池储运技术。此次演示共进行了三组实验：第一组实验中，科研人员在无任何防护措施的情况下点燃了锂离子电池，锂离子电池剧烈燃烧并引燃周围易燃物，随后电池发生爆炸，碎片飞溅至 22 米外；第二组实验中，科研人员关闭了储运柜的主动安全功能以对其固有安全性能进行验证，随后将点燃的锂离子电池放入储运柜中，最终电池并未发生爆炸，储运柜仅产生了一些烟雾；第三组实验中，科研人员启用了储运柜的全部安全功能，将相同型号的电池置于储运柜，并通过设置指令使电池处于滥用状态，最终电池起火燃烧后在极短的时间被扑灭，并未引起科研人员注意，也未发生爆炸或产生烟雾。

美国海军海上系统司令部拟发布"沿海战场侦察与分析"系统招标

12月17日，美国海军海上系统司令部宣布，计划就"沿海战场侦察与分析"（COBRA）系统 Block Ⅱ 发布招标，以开展设计、开发和建造。COBRA系统是"突击破坏系统"的情报、监视和侦察部分。COBRA Block Ⅰ 由阿瑞特联合公司建造，是一种用于探测水雷和障碍物的多光谱传感器，为近海战斗舰水雷战任务包的模块化组件，用于探测海滩到拍岸浪区的水雷。Block Ⅱ 计划装备 MQ-8C"火力侦察兵"无人机，将增加夜间作业能力和对处于拍岸浪区至61米深水雷的全面探测能力。公告称，该系统将用于在近海战场空间进行空中战术侦察，全天候探测和定位拍岸浪区和海滩区单个类雷物、雷区、雷界和障碍物；探测和定位甚浅水中水面和近水面类雷物；探测和定位浅水区到深水区的水面和近水面、锚泊或漂浮的类雷物。

2021年海战领域重大科研项目

项目名称	负责机构	基本情况	研究进展	军事影响
无人值守水面艇	美国国防高级研究计划局	设计、建造、演示一艘100吨级无人水面艇，通过解决自适应状态监测系统、船体材料和结构设计、机械系统、推进系统、发电和管理系统以及自动加油等技术，来满足探索实现新型无人水面艇设计的要求	2020年2月，DARPA发布研究计划。2021年3月，DARPA再次授出无人值守水面艇第一阶段研发合同，要求L3哈里斯技术公司与VARD公司合作，开展自主水面艇概念设计，包括船体、电子系统、机械系统。这是该项目授出的第5份研发合同	可进一步提升无人水面艇作战性能，降低建造与维护成本，从而在一定预算条件下增加无人水面艇采购量，有助于实现分布式海上作战概念

271

续表

项目名称	负责机构	基本情况	研究进展	军事影响
"人工轮机长"系统	英国罗尔斯·罗伊斯公司	"人工轮机长"系统根据无人船舶任务、油料状态、设备健康情况等因素,利用人工智能算法,编制舰船航行能方案,并在较少人工干预的情况下,自主制定航行计划、自动操控舰船、自行处置故障等,确保无人舰船长期安全航行	2016年起,罗尔斯·罗伊斯公司在芬兰技术与创新资金局"先进自主水上应用"项目资助下,研发无人舰船自主导航技术。2019年,罗尔斯·罗伊斯公司正式推出"人工轮机长"原型系统。2021年4月,英国国防部投资"人工轮机长"系统,以进一步提高技术成熟度,应用于军事无人舰船	装配"人工轮机长"系统的英国皇家海军无人辅助舰艇编队,可在大幅提高远程运输补给能力的同时,有效降低补给成本
"战术光谱和侦察成像"(SPRITE)吊舱	美国海军研究局	研制满足RQ-21A无人机有效载荷限制并包含短波红外传感器、广域持续监视载荷、光谱传感器的集成载荷,以提高RQ-21A无人机情报监视侦察能力	2013年6月,美国海军研究局发布项目招标公告。2015年10月,美国海军研究局授予罗格斯技术公司为期5年价值1820万美元的合同,研制SPRITE吊舱。2021年7月,罗格斯技术公司宣布,SPRITE吊舱搭载在有人驾驶的"塞斯纳"337飞机上进行了测试,达到了海军研究局提出的全部研制目标	新型SPRITE吊舱正式配装RQ-21A等无人机后,将能大幅增强其执行监视侦察、战场态势感知等任务的能力。此外,SPRITE吊舱还可更换集成不同功能的传感器,通过装配不同功能的传感器,支撑美国海军利用无人机编队执行监视侦察、信号情报收集、战场环境数据采集等多种任务

续表

项目名称	负责机构	基本情况	研究进展	军事影响
"水雷和水下简易爆炸物的低可见/无附带损伤清除"	美国海军研究局	研制由潜水员或自主潜航器布放的灭雷载荷,以非引爆炸方式消除水雷、水下简易爆炸物威胁:一是由检查设备确定水雷或水下简易爆炸物组件位置,如电池、引信等;二是实现自主潜航器远距离通信和操控,以及灭雷载荷启动。新的灭雷载荷须以低可见方式清除水下爆炸物威胁,避免美国海军远征机动部队暴露,失去奇袭优势	2020年7月,美国海军研究局属项目招标公告。2021年9月,美国海军研究局授予RE2机器人公司价值950万美元合同,研制可与无人潜航器集成的轻型水下机械臂	这种新型灭雷装备可自主执行或拆弹"任务,以非引爆方式清理封锁水道的水雷、水下简易爆炸物等威胁,不易引起布雷国的警觉,为美国海军潜艇、无人潜航器、水面舰隐蔽突破封锁水域提供支撑
水面舰激光武器系统	美国海军	为美国海军快速研制舰载战术激光武器,兼具毁伤无人机、致盲光电设备、实施光电探测等能力	2018年1月,美国海军授予洛克希德·马丁公司1.5亿美元合同,"高能激光与一体化光学眩目监视"样机研制工作正式启动。2020年3月,洛克希德·马丁公司宣布已完成样机的关键设计评审。2021年1月,交付样机。2021年8月,样机开始靶场测试	使海军初步形成载舰定向能武器作战能力,可在远距离上对抗无人机、高速小艇等目标,在较远距离上对光电传感器实施致盲

续表

项目名称	负责机构	基本情况	研究进展	军事影响
大型无人舰	美国海军	设计、制造、测试大型无人舰，舰长大于50米；配装模块化载荷，执行情报监侦任务，后期可加装导弹垂发系统；可半自主或全自主运行	2021年1月，"霸王"无人舰完成远距离自主航行试验，航程超过4700海里，几乎完全自主航行，在随后的"黎明闪电"演习中，自主航行超过130小时，约占总航行时间的98%	分布式海上舰队的核心节点，配合大型水面战斗舰，执行情报监视侦察甚至火力打击任务

2021年海战领域重大演习与试验活动

演习名称	演习时间	演习目标	参演力量	实施过程
"无人系统综合作战问题21"	2021年4月19日至26日	了解海军部各型无人系统当前研发进度和性能水平，识别实现混合舰队还需要开展的具体工作	"海上猎人"号中型无人艇、"卡瑞纳"无人潜航器、MQ-9"海上卫士"固定翼无人机等10型无人装备，"汉普顿"号攻击型核潜艇、"普林斯顿"号巡洋舰、P-8A海上多任务机等10余型有人装备	一是由MQ-9B无人侦察机向海面投放声纳浮标，与P-8A反潜巡逻机、MH-60直升机等协同进行远程超视距目标跟踪；二是"阿达罗""奥克兰"号无人水面艇与"独立"级、远程无人艇与"阿利·伯克"级"斯托克代尔"号驱逐舰斗舰协同作战；三是无人机、无人水面艇组进行协同演练，无源传感器网络，监测海面靶标发射的电磁信号，并由"约翰·芬恩"号驱逐舰发射"标准"-6主动增程导弹，验证超视距打击能力；四是海军研究无人机蜂群"超蜂群"项目演练了利用大规模无人机蜂群攻击水面舰艇，利用无人潜航器和无人水面艇协同攻击目标，以及防御大规模无人蜂群攻击的战术战法

续表

演习名称	演习时间	演习目标	参演力量	实施过程
"2021年全球大规模演习"	2021年8月2日至27日	一是整合海上力量,展示从近海到公海进行协同作战的强大"肌肉",重获海上优势的决心;二是检验概念能力,验证"对抗环境下的近海作战""远征前进基地作战"概念,探索新型作战样式和未来作战能力;三是强化盟友联盟作战,向盟友和伙伴国提供维护海上自由和安全保障的信号,夯实北约和"印太战略"的基础	主要由美国陆军、空军、海军、海军陆战队,以及英国皇家海军、澳大利亚国防军、日本自卫队组成	主要分为全球防御、虚拟参与、实兵对抗三个方面。全球防御强调指挥控制、网络空间作战,太空聚焦场景构建;虚拟参与实兵对抗开军事演练,在战场投入实际兵力开展军事演练,具体包括野战训练、后勤支持活动、两栖登陆、空中和陆上机动、空中作战、海上作战、特种作战、网络空间与电磁频谱作战等科目
俄罗斯海军"阿蒂克"演习	2021年9月	确保俄罗斯海军北方舰队有能力快速应对北极航线和东北航线地区的突发事件	主要由俄罗斯北方舰队的50艘军舰、8000名士兵、120架飞机、800台(套)武器装备参与,包括40辆主战坦克、460辆装甲战车以及240门大炮、迫击炮和多管火箭炮系统	通过在联合特种作战中管理北极远征小组,消灭敌隔离作战区域,切断敌方补给路线,保护驻军,并分析了具有重要战术意义的作战地点。期间"戈尔什科夫"号护卫舰与"堡垒"岸基导弹系统进行了协同作战

276

续表

试验名称	国家	时间	试验情况	验证的关键技术
"灵活分布式阵列雷达"外场技术验证	美国	2021年7月	2021年7月,"灵活分布式阵列雷达"(FlexDAR)完成首次外场技术验证。试验中,两部工作任S波段、异地部署(相距约130千米)的FlexDAR,通过多条高速光纤连接,采用共同的时钟信号,进行了多波束同时收发,并测量了天线副瓣电平、数据吞吐等技术指标	本次试验验证了FlexDAR雷达的单元级数字化收发组件和收发全数字波束形成技术、多输入多输出技术、多基地波束驻留技术
MQ-25A舰载无人加油机加油试验	美国	2021年6月、8月、9月	6月首次为海军F/A-18舰载机加油,8月为E-2D"先进鹰眼"舰载预警机加油,9月为海军F-35C战斗机加油	几次试验验证了无人加油机执行编队评估、尾流测量、锥套跟踪和对接的能力,还分析了两架飞机之间的空气动力学性能,以确定是否需要对制导和控制系统进行调整
海基高超声速导弹发动机测试	美国	2021年5月、8月	5月,海军战略系统项目办公室联合洛克希德·马丁公司、诺斯罗普·格鲁曼公司,完成CPS导弹一级固体火箭发动机地面点火试验;8月,完成二级固体火箭发动机点火试验	验证了高超声速导弹固体发动机的推力矢量控制技术

续表

试验名称	国家	时间	试验情况	验证的关键技术
"幽灵舰队霸主"无人艇通过自主航行测试	美国	2021年1月	1月，国防部战略能力办公室和海军合作开发"幽灵舰队霸主"无人艇从墨西哥湾海岸行驶到加利福尼亚海岸，航程8700多千米，大约97%的时间是自主航行，由船上船员引导航的次数不多	再次验证了大型无人舰自主导航控制技术
舰载雷达指引"堡垒"岸基导弹系统发射试验	俄罗斯	2021年9月	9月，俄罗斯海军在北极地区举行"阿蒂克"演习。期间"戈尔什科夫"号护卫舰将其舰载雷达和电子侦察系统探测到的目标方位、航速、航向及局部气象等信息发送给"堡垒"岸基导弹系统，后者根据这些信息发射"缟玛瑙"反舰导弹成功命中靶舰	验证了舰载雷达与近岸装备的协同作战技术
协同雷达探测试验	美国	2021年11月	11月，美国海军研究局和雷声公司成功利用两部AN/SPY-6舰载雷达模拟器，组成协同雷达，对目标进行了分布式协同探测，生成了完整的目标态势信息	验证了双雷达协同探测技术

2021年海战领域重要战略文件

	文件名称	《海军作战部长发展指南》	
1	发布时间	2021年1月	发布机构	美国海军作战部长
	内容概要	正文内容包括"前言""安全环境""应对策略""发展重点""结语"五个章节。"发展重点"提出：加强新兴技术在高端海战中的运用，推动舰队现代化，利用新兴技术维持海上优势；加快与海军陆战队、海岸警卫队联合实施海上控制的能力，打造超越传统海军，更具对抗性和杀伤力的新型海上军事力量；提升与各军兵种联合实施作战的能力，并持续强化力量投送能力，遏制侵略并以较低代价应对和化解危机；明确"平时竞争""出现危机""发生战争"等不同烈度的用兵思路		
	文件名称	《蓝色北极——北极战略蓝图》		
2	发布时间	2021年1月5日	发布机构	美国海军部
	内容概要	《蓝色北极——北极战略蓝图》延续了以强大的军事实力为后盾，在北极推行以美国主导地区秩序，从而赢得北极地区"大国竞争"的战略思想。正文内容包括"概述""新时代的挑战""地区蓝图""结论"四个章节。提出了北极地区对美国海上力量的重要意义，"蓝色北极"对美国海上力量构成若干挑战，美国北极地区海上力量建设的三项目标		

279

续表

	文件名称	《国家安全战略临时指南》	
3	发布时间	2021年3月	发布机构：美国白宫
	内容概要	该指南在对外政策、国内政策、军事、意识形态和对华政策五个方面提出若干重点措施，以应对当前全球安全环境的重大变化，保护美国利益。在经济、外交、军事、意识形态等诸多方面较特朗普"大国竞争"战略做出较大调整，但依旧将中国视为美国的头号对手，主张通过更加多样化的手段遏制中国，赢得与中国的"战略竞争"；陈述了拜登政府新的威胁判断，否定了特朗普"美国优先"的战略宗旨与行为，明确提出"再次与世界交往"，要求"重振民主"，高调宣称"美国回归，外交回归，联盟回归"	

	文件名称	《安全、防务、发展与外交政策综合审查——竞争时代的全球化英国》	
4	发布时间	2021年3月16日	发布机构：英国政府
	内容概要	该报告围绕科学技术、安全与防务、开放的国际秩序、构建韧性与弹性四个主题，综合阐述了英国到2025年的国家安全、发展和对外政策的目标及优先事项。报告指出，科技对英国获取经济、政治和安全优势至关重要。为此，英国要增加研发投入，重点推进人工智能、量子和生物等领域中英国领先的前沿技术的发展，设立先进研究与发明局，快速资助颠覆性技术和产品开发，并制定能吸引世界优秀科技人才的移民政策	

	文件名称	《无人作战框架》	
5	发布时间	2021年3月16日	发布机构：美国海军部
	内容概要	主体内容包括"为何选择无人系统""现状怎样""如何实现"三部分，系统阐明了美海军和海军陆战队发展无人系统的愿景、目标、策略和途径，首次提出"以能力为中心"的无人系统发展思路，强调与工业界、学术界、盟友和合作伙伴协作，全面、系统加速无人系统能力交付	

续表

	《部队设计 2030 年度更新文件》	
文件名称	发布时间	发布机构
	2021 年 4 月 26 日	美国海军陆战队
6	内容概要	
	同 2020 年 3 月发布的《部队设计 2030》文件相比,该更新文件反映了海军陆战队在部队设计方面所取得的进展,提出了应对太平洋地区及全球范围内多变威胁的新举措,细化了未来一年的具体工作步骤,明晰了美国海军陆战队未来部队设计的新动向	

	《30 年造舰计划》	
文件名称	发布时间	发布机构
	2021 年 6 月	美国海军部
7	内容概要	
	该计划提出了舰艇总规模目标,包括 321～372 艘有人舰艇和 77～144 艘无人舰艇。未来投资重点包括:维持一支杀伤力和生存力兼备的潜艇部队;增加小型水面战舰,更好地支持分布式海上作战;强化作战后勤舰艇在高端战中的可持续性。总体上,原定的"355 艘"规模目标有所弱化,在海军经济可承受的能力范围内更具可操作性	

	《国家安全战略》	
文件名称	发布时间	发布机构
	2021 年 7 月 2 日	俄罗斯克里姆林宫
8	内容概要	
	新版《国家安全战略》按照《俄罗斯联邦战略规划法》要求,综合考虑了 6 年来世界政治、经济、军事形势变化的影响,是对 2015 年颁布的《俄罗斯联邦国家安全战略》进行的一次例行修订。新版《国家安全战略》全文由"总则""当代世界中的俄罗斯""国家利益和战略重点""国家安全保障""战略实施的组织基础和运行机制"共 5 章组成,全面分析了俄罗斯当前的国内外形势,并从保障人民利益、国防、国家和社会安全、信息安全、经济安全、科技发展、生态安全、自然资源、历史道德文化、战略稳定与国际合作 9 个战略重点,系统阐述了俄罗斯面临的威胁、政策目标和主要任务	

续表

	文件名称	《智能自主系统科技战略》	
9	发布时间	2021年7月2日	发布机构	美国海军部
	内容概要	该战略以智能自主系统为抓手，旨在促进无人系统、人工智能、自主化技术交叉融合，加速颠覆性作战能力形成和作战方式变革。为实现颠覆性能力的根本性转变，该战略提出了智能自主系统（IAS）愿景（将IAS无缝集成为海上力量的可信成员）及其战略目标，制定了应用进程、投资管理框架、技术框架、实施路径，提出通过演进式发展和颠覆性创新并重的策略，推进智能自主系统发展	

	文件名称	《海军部战略指南：海军-海军陆战队一体化建设》	
10	发布时间	2021年10月	发布机构	美国海军部
	内容概要	该指南明确指出，美国首次面对一个实力相当的战略竞争对手，并阐明了海军部的愿景，即建立一支灵活、随时待命的海上作战力量，将发展作战概念和能力、发展新兴技术和能力等，维持海上优势；深化与各军兵种、军政部门、全球海上盟友及伙伴的合作，加强互操作性，投资海战教育、加强海战文化，打造一支专注于各级作战的海上部队	

	文件名称	《海军航空兵愿景2030—2035》	
11	发布时间	2021年10月27日	发布机构	美国海军部航空系统司令部
	内容概要	文件提出美国海军需要打造一支规模更大、装备更好并具有先进战备训练水平的海军航空兵力量，以赢得与中俄等大国的竞争；指出未来海军航空兵需要明确未来舰载机发展路线，聚焦广域互联、战场态势共享及有人/无人编组，实施多种举措提高战备水平并降低战备成本，广泛应用真实-虚拟-构造技术变革训练方式，谋求对中俄保持绝对优势	

续表

文件名称	《防区内部队》	
发布时间	发布机构	美国海军陆战队
2021年12月1日		
内容概要	文件将"防区内部队"定义为一种小规模、致命、低信号、机动、易维护和维持的部队，目的是作为纵深海防前沿作战力量，发现并跟踪区域内潜在对手的人员、装备；同时自身不被对手发现，并在冲突中提供信息，迫使对手进入己方占优势的位置，以破坏潜在或实际竞争对手的行动计划。平时，"防区内部队"通过与盟友和伙伴合作，建立前沿作战力量，阻止对手；接到指令后，将实施海上拒止行动，以支持舰队行动，尤其是海上要塞附近	

12

283